명리의 정석시리즈(1)

命理
<1>
사주학의 기초원리

김 동 환 지음

역술도서전문
여산서숙

命理 : 사주학의 기초 원리를 내면서

  대형서점 역술서적 코너에는 많은 사주입문서들이 진열되어있습니다. 어쩌면 하나같이 대동소이한지 모르겠습니다. 나이 들어 좀 늦게 역술학에 입문해서 그런지 처음 이 공부를 하면서 초보자에게 쉽게 이해할 수 있는 새로운 서적이 없을까 찾아보았지만 그런 책은 없었습니다. 기초공부가 다 그런 것 아닌가요? 라고 반문하실 분들도 있을 것이나 독학으로 공부하려면 누구나 더 자세하게 설명하여 이해 할 수 있는 서적이 꼭 필요하다는 사실을 알았기에 본 입문서 사주학의 기초 원리는 새롭게 구성해 보았습니다. 그러나 생소한 학문에 들어서면 누구나 이해가 잘 되지 않는 부분이 많습니다. 그래서 김동환 표 역술도서로 공부하는 분들께는 언제라도 필자가 질의응답을 해 드리고 있습니다. 독학하는 분들은 대체적으로 자기생각만으로 공부하기 때문에 시야가 좁아질 수밖에 별 도리가 없습니다. 많은 선생님들의 의견을 들어야 하는데 역술계가 그리 친절하게 응대하는 선생님들이 많지를 않습니다. 자기가 알고 있는 지식을 후학들에게 아낌없이 나누어주는 배려가 적은 곳이 아닌가 생각됩니다. 본서로 공부하시는 분들에게는 특별히 필자가 지도해드릴 것이니 염려마시고 시작해 보십시오. 시작이 반이라는 말이 있습니다. 이 책을 손에 쥐는 순간 절반은 성공하신 것이라 확신합니다.

-은산 김동환 배상-

추 천 사

　　은산 김동환 선생과의 만남은 오래전 불교대학에서 였습니다. 서로가 상대를 잘 모르던 시절 언제인가 직업이 무엇인지 알고부터 우리는 더욱 친해졌었지요, 역술계에 입문은 내가 먼저 했지만 선배이신 은산선생을 형님같이 존경하며 우리는 일주일에 두 세 번씩 서울과 천안을 오르내리면서 머리를 맞대고 사주이야기 하다가 늦었다며 허둥지둥 떠나시곤 하던 때가 벌써 강산도 변한다는 오래 전의 추억으로 남겨놓았습니다.

　　이제는 서로가 바쁘다보니 고작 일주일에 한 번 정도 만나는 것으로 만족해야하는 실정이 아쉽다고 했더니 코로나로 인해 오랫동안 상면치 못했는데 명리시리즈 책을 또 내신다니 은산선생은 집념이 매우 강하신 분이십니다. 호랑이를 잡으려면 호랑이 굴에 들어가야 한다며 명리공부를 시작하시더니 30여 년 동안 출판계에서 종사하신 경험을 바탕으로 그동안 많은 명리서적을 출간하셨습니다. 후학들을 위해서는 정통 명리서적을 계속 출판하는 일이 자신의 임무라고 하루도 쉬시지 않고 원고를 쓰신다니 건강이 걱정하시더니 다시 증보판을 내신다고 연락이 왔습니다.

　　恩山 大兄 ! 충고한마디 드리려 합니다. 다작을 하시는 것은 좀 무리이니 건강도 생각하시고 쉬어가며 일하십시오. 건강한 모습으로 우리 오래오래 만나고 싶습니다.

壬寅年 立春之節에 천안에서
대지철학관 원장 이상식 배상

추천의 말씀

　은산 김동환 선생은 남다른 천부적인 재주를 가지고 계십니다. 사람을 대하는 대인관계에서도 한두 번만 만나면 십년지기 이상의 정을 쏟으시는 모습을 보면서 탁월한 리더십에 감동 먹었습니다. 투철한 리더십에 달변가로도 소문이 나셨지요. 젊은 사람들과 10년 동안 함께하는 리더십강사로 활동하시면서 틈틈이 명리서적을 여러 권내시고 대한작명가협회 장으로 고운이름 바른 이름 정명운동에 열정을 다하시는 은산 김동환 회장님을 정말로 존경합니다.

　은산 김동환 대한작명가협회회장님을 만나게 된 것은 회원으로 입회하면서였고 강동지회장으로 함께 일하면서 더욱 교분을 쌓아 이제 형제 이상으로 친하게 지내는 사이가 되었답니다. 매주 금요일이면 우리는 정기적으로 만나서 학문도 교류하고 정보도 공유하면서 재미나게 살아갑니다. 만날 때마다 동생같이 대해주셔서 이제는 한주라도 안 만나면 보고 싶어지는 것을 보면 회장님을 짝사랑이라도 하는 가봅니다. 회장님 이번에 출간하시는 명리시리즈가 우리 역술인들에게 많이 알려져서 대박이 났으면 합니다. 늘 건강하시고 변함없이 사랑 많이 해 주십시오.

대한작명가협회 강동지회장
태을철학관 원장 장윤택 합장

목 차

제1장 사주학의 기초원리 / 1
<1>간지와 음양오행에 대한 해설 / 1
  (1) 10천간은 하늘을 상징한다. / 2
  (2)12지지는 땅의 실상을 나타낸다. / 21
<2> 음양오행이란 무엇인가? / 35
  1. 음과 양 / 35
  2. 오행(木 火 土 金 水) / 38
  3. 우주와 생명의 창조 / 54
  4. 상생의 원리 / 57
  5. 상극의 원리 / 61
  6. 구체적으로 분석해본 음양오행 / 64
<3> 음양의 법칙(陰陽의 法則) / 67
  1. 음과양 =상대의 법칙 / 67
  2. 음중양 양중음 =공존의 법칙 / 69
  3. 외음내양 외양내음 =공존속의 상대법칙 / 70
  4. 사주팔자(四柱八字 / 73

제2장 제합(諸合)및 제살(諸殺) / 83
<1> 천간과 지지의 변화 / 83
  1. 천간의합 / 83
  2. 천간의충 / 85
<2> 지지의 합 충 형 파 해 / 87
  1. 지지의합(支合) / 87

2. 지지의충(支沖) / 88
   3. 충 형 파 해 방합 / 90
   4. 방국에 대하여 / 91
   5. 삼합에 대하여 / 93
   6. 육합(六合) / 97
   7. 지지의 형 / 99
   8. 육형(六刑) / 100
   9. 자형(自刑) / 100
   10. 지지의 파 / 101
   11. 지지의 해 / 101
   12. 간지 순월법 / 102

<3> 모든 합과 살의 해설 / 103
   1. 사주 판단 법 / 103
   2. 천간의 합과충 / 104
   3. 간합의 구체적인 추리연구 / 105
   4. 자화간합 이란 무엇인가? / 112
   5. 천간상충 해설 / 113
   6. 삼형살 해설 / 113
   7. 지지상충해설 / 117
   8. 지지육파의 해설 / 120
   9. 지지육해살의 해설 / 121
   10. 사생왕고 상충 살 / 123

<4> 월지지장의 해설 / 124
   1. 지장간 / 124
   2. 지장간 활용법 / 128
   3. 지장간의 중요성 / 128

<5> 공망과 절기해설 / 132

<6> 12 절기(節氣) / 136

제 1 장
사주학의 기초원리

<1> 간지와 음양오행에 대한 해설

　사주학을 명리학(命理學) 추명학(推命學) 또는 운명학(運命學)이라고 하는데 이 모든 것을 통틀어 역학(易學)이라고 말합니다. 사주 추명학을 연구하려면 제일 먼저 천간(天干)과 지지(地支)를 확실하게 이해하고 암기해야 합니다. 천간을 10천간이라 하여 10개의 천간이 있고 지지는 12지지라는 12개의 지지가 있는데 22개의 간지 속에 나타나는 음양(陰陽)과 오행(五行)의 목.화.토.금.수.(木火土金水)를 깊이 이해하여야 사주학을 공부하는데 도움이 됩니다. 겉으로 보기에는 22개의 간지가 얼마 되지 않는 분량 같아 보이지만 음양과 오행에서 나오는 진리는 참으로 깊고 넓으며 무궁무진하며 이 모든 것이 기초에서 출발하는 것이니 기초의 바탕을 충분히 익혀야한다는 사실을 주지하시기 바랍니다.
　간지(干支)는 천간(天干)과 지지(地支)를 칭하는 부호의 약자인데 천간은 하늘이라면 지지는 땅을 의미하는 것입니다. 생소한 학문에 입문하시어 어렵다고 느끼실 까 봐 가능한 한 아주 쉽게 설명하려고합니다. 그러면 천간부터 자세히 알아보도록 하겠습니다.

왕초보 사주학

1, 十天干(10천간, 천간)은 하늘을 상징한다.

천간은 10개의 종류가 있으며 이것을 天干 또는 10天干 이라고 합니다.

甲 乙 丙 丁 戊 己 庚 辛 壬 癸
갑 을 병 정 무 기 경 신 임 계

<필수암기사항>

木		火		土		金		水	
甲	乙	丙	丁	戊	己	庚	辛	壬	癸
陽	陰	陽	陰	陽	陰	陽	陰	陽	陰
나무,풀(초)		태양,초불		산악(산),벌판(논밭)		원석,보석		바다(강)샘(이슬)	

천간은 甲乙 丙丁 戊己 庚辛 壬癸 이렇게 두 글자씩 묶어 암기하면 나중에 사용하기 편리합니다.
甲乙은 木이고 丙丁은 火이고 戊己는 土이며 庚辛은 金이고 壬癸는 水이기 때문에 자동으로 오행의 뜻을 알 수 있기 때문입니다. 이 10개의 천간을 10천간 또는 천간이라 말하는데 천간은 앞으로 갑을 병정 무기 경신 임계 또는 뒤로 계임 신경 기무 정병 을갑 이렇게 자유자재로 암송할 수 있어야하니 신경 써서 암기하시기 바랍니다.

오행은 다섯 가지인데 십간은 열 가지입니다. 그렇다면 甲乙 木 丙丁 火 戊己 土 庚辛 金 壬癸 水 이렇게 나누면 다섯 가지 오행이 되겠군요. 맞습니다. 그래서 갑을 병정 무기 경신 임계라고 두 글자씩 암기하라고 했던 것입니다. 명리공부를 하다보면 자연의 섭리를 알게 되어 아주 재미있습니다. 그런데 처음에는 암기사항이 좀 많은 편이라 겁도 나고 짜증스럽기도 합니다. 암기가 잘 안되시는 학인이 있으시다면 적당히 넘기십시오. 갑을병정으로 시작해서 甲乙丙丁으로 끝날 정도로 지겹게 들을 것이기 때문에 잘 모르더라도 시간이 흐르고 진도가 나가면 자연의 이치를 활용하는 학문이기에 충분히 이해되고 자연스럽게 문리가 터지게 되어있기에 한 말입니다. 그렇다고 학문을 태만히 하라는 말은 아닙니다.

이 세상 모든 것은 음양으로 이루어 지지 않은 것이 없습니다. 음양오행 편에서 자세히 설명하겠지만 우선 음양오행의 이치를 알아야 이해하기 쉽기에 간단하게 설명하고자합니다. 하늘은 양이요 땅은 음이며 남자는 양이고 여자는 음입니다. 이와 같은 이치로 십간을 음양으로 나누어 甲은 陽이고 乙은 陰으로 나누었고 음이 물체라면 양은 기체이고 음이 형상이라면 양은 운기이며 만물을 발생하는 木은 운기에서 발생하고 火의 운기에서 성장하듯이 먼저 운기가 발생한 다음에 형상이 나타나게 됩니다. 우주에 처음 나타난 것이 운기이고 운기에서 나타난 것이 삼라만상입니다.

오행도 이런 이치로 木은 발생하는 운기인 생기에서

비롯되고 생기가 지구상에 넘치고 가득하면 만물이 생기에 의해서 새싹이 트고 발생합니다.

생기에 의해서 나타난 생물이 음으로 먼저 나타난 목의 운기이자 생기를 상징하는 것이 甲이고 생기에 의해서 발생한 생물을 상징하는 것이 乙이 됩니다. 甲乙은 같은 木이지만 甲은 陽의 생기이고 乙은 陰의 생물이기 때문에 양 음으로 나누는 것이지요, 그런가하면 한자(漢字)는 표의(表意)문자이자 표상(表象)문자이기에 뜻과 상을 나타내어 甲은 밭전(田)자 밑에 한 가닥이 세로로 그어져 甲이라는 글자가 형성 되었는데 밭전은 땅과 흙과 밭을 상징하고 아래로 그어져 있는 것은 한 가닥의 뿌리를 상징한 것으로 생기가 지하에서 발생해서 땅속에 넘치고 가득 차 있음을 의미합니다. 고로 생기는 만유를 잉태하고 부화시키는 것으로 甲은 木의 生氣에 의해서 만물을 잉태하고 바야흐로 부화시키는 과정과 형상인 것입니다. 좀 어려운가요, 이제부터 甲乙木에서 부터 壬癸水까지 음양오행을 구분하여 설명 할까합니다.

명리의 정석
초급반 강의 보충교재

첫 페이지에서부터 설명한 뜻을 잘 이해 못하신 분들을 위해 더 자세히 보충 설명하려고 한다. 사주공부를 하려면 한문을 많이 알면 좋지만 최소한 몇 십자 정도는 알아야 공부하는데 이해가 빠르고 또한 실제 사주를 감정 할 때도 그 정도는 알아야 만 사주팔자를 기록하고 설명 할 수가 있다.

사주는 기본적으로 10천간이라는 10자와 12지지라는 12자를 합한 22자는 반드시 알아야 하며 오행인 목 화 토 금 수 5자와 음양오행이라는 4글자와 천간지지라는 4글자를 합한 총 35자는 오늘 알고 넘어가야만 할 것이다. 아는 사람은 참고로 한번 읽고 넘어가고 모르는 사람 즉 초보자를 위하여 자세히 설명하려한다.

[10天干]

甲 乙 丙 丁 戊 己 庚 辛 壬 癸
갑 을 병 정 무 기 경 신 임 계

甲 - 갑옷 갑 : 천간 갑, 십 천간의 첫째글자.
乙 - 새 을 : 새, 굽다, 십 천간의 둘째글자.
丙 - 남녘 병, 밝음, 남쪽, 십 천간의 셋째글자.
丁 - 고무래 정, 장정 정, 당당함, 십 천간의 넷째글자.
戊 - 무성할 무, 우거지다, 십 천간의 넷째글자.
己 - 몸기, 자기 기 십 천간의 여섯째글자.
庚 - 별이름 경, 십 천간의 일곱째글자.
辛 - 매울 신, 맵다. 십 천간의 여덟째글자.
壬 - 북방 임, 십 천간의 아홉째글자.

癸 - 북방 계, 십 천간의 열째글자.

☞ 두 글자씩 띄어놓은 이유는 암기하기 좋고 이해를 쉽게 하기 위해서임
음양오행(陰陽五行)에 대한 글자 설명
陰 - 그늘 음, 그늘, 음침하다.
陽 - 볕 양, 해 빛 ,밝다.
五 - 다섯 오,
行 - 갈 행, 다닐 행, 가다, 행하다.

목 화 토 금 수(木 火 土 金 水)에 대한 글자 설명
木 - 나무 목, 나무, 발생, 동쪽,
火 - 불 화, 불 , 성장, 남쪽.
土 - 흙 토, 흙. 심고 거둠, 사이간자를 써서 간방.
金 - 쇠 금, 쇠, 금덩어리. 서쪽,
水 - 물 수, 물, 북쪽.

천간 지지(天干 地支)에 대한 글자 설
天 - 하늘 ,하늘 태양.
干 - 방패 간, 방어하다.

地 - 땅 지, 땅, 토지,
支 - 가를 지, 지탱하다.

[12지지]

子	丑	寅	卯	辰	巳	午	未	申	酉	戌	亥
자	축	인	묘	진	사	오	미	신	유	술	해

寅 - 범 인
卯 - 토끼 묘
辰 - 용 진

巳 - 뱀 사
午 - 말 오
未 - 양 미

申 - 원숭이 신
酉 - 닭 유
戌 - 개 술

亥 - 돼지 해
子 - 쥐 자
丑 - 소 축

12지지는
<1> 하루로 쓸 경우 子시부터 하루가 시작 되어 亥시로 하루를 마감하지만
<2> 12달로 쓸 경우 寅월부터 시작하여 丑월로 마감하며 아울러 춘하추동 동서남북 등으로 4등분하여 사용하는 것이 많고 또한 그렇게 암기하여 쓰면 편리하기에 寅卯辰 巳午未 申酉戌 亥子丑으로 암기하라고 하는 것이다.

1. 甲乙 木(갑을 목)

모든 사물은 음과 양으로 창조되듯이 오행 또한 음과 양으로 형성 된다.
양(陽-볕 양)은 기(氣-기운 기)요, 음(陰-그늘 음)은 체(体-몸체자의 약자)이니
木은 陽의 氣를 상징하는 陽木과 陰의 体를 상징하는 陰木으로 형성된다.
그 陽의 木이 甲木 이고 陰의 木이 乙木 이다.
모든 것은 태양의 빛과 열을 간직한 하늘의 기에서 창조 되듯이 목을 비롯한 모든 오행은 반드시 양기기 먼저 발생한 다음 음의 형체가 나타난다. 木은 발생과 더불어 살아있는 생명과 그 형체인 생물을 상징하고 대표한다.
봄에 씨를 뿌리면 지하수에 의해서 씨가 생명으로 부화되고 생물로 발생한다. 콩을 심으면 콩이 싹이 틔우고 싹은 지상(地-땅위로)으로 고개를 쳐들고 나타난다.

2. 丙丁 火(병정 화)

땅위에 발생한 어린 생물인 乙木을 추위에 상하지 않게 따사로이 보살피고 무럭무럭 자라게 기르기 위해서는 火의 원동력인 태양의 빛과 열이 필요하다. 태양이 아니고는 지상의 얼음과 추위를 녹일 수 없듯이 태양이 아니고서는 만물을 따스하고 포근하게 감싸고 품어서 기를 수가 없다. 태양이 마치 이제 막 부화 된 햇병아

리를 포근히 품어 기르는 암탉과 똑 같다. 火는 성장을 상징한다. 만물이 성장하려면 먼저 성장시키는 운기가 나타나야 한다. 지구상에 성장을 촉진하는 열기와 화기(化氣)가 넘치고 가득하면 만물은 저마다 뜨거운 운기에 의해서 성장하고 번창한다.

그 뜨거운 성장의 운기를 丙이라고 하며 丙의 운기에 의해서 확산되고 팽창되어서 성장한 만물의 형상이 丁이다.

丙은 태양과 빛과 열을 상징한다. 태양은 하늘의 정기이다. 하늘 천(天)자가 양쪽으로 날개를 내린 형상이다. 그것은 암탉이 병아리를 보살피기 위해서 날개를 감싸고 품어주는 형상이다.

3. 戊己 土(무기 토)

성인이 되면 결혼해서자식을 낳는 것이 자연의 형상이듯이 만물은 태양에 의해서 성숙한 변화를 이룩하면 저마다 분신인 제2의 생명을 잉태한다. 과수의 열매와 오곡의 열매는 바로 그 대표적인 상징이다. 만물의 씨앗은 태양의 빛과 열인 양기이다. 오곡백과가 열매를 잉태하고 창조하려면 태양의 기를 풍부히 섭취해서 정자를 만들고 자궁의 난자와 결합시켜 주어야 한다. 그 새로운 생명을 잉태하고 부화하는 한 쌍의 부부가 戊己土이다. 土는 만물을 부화하는 생명의 자궁으로서 하늘의 조물주는 만물을 하나같이 土를 통해서 창조하고 기른다. 토는 조물주의 유일한 아내요 자궁이다.

아내는 자식을 잉태하려면 반드시 남편을 섬기고 정자를 얻어야 한다. 그 와같이 土 하늘의 태양을 언제나 남편처럼 지극히 섬기는 동시에 씨앗인 정자를 얻어야 한다.

그 하늘의 정자를 흡수해서 태아를 창조하는 태기를 조성하는 남편이 戊토요, 戊土의 정자인 태기를 받아서 자식을 잉태하고 기르는 자궁이자 아내가 己土이다.

양자(兩者)는 생명을 창조하는 사실상 조물주로서 하늘과 땅을 상징한다. 戊토의 본분은 하늘의 씨앗인 태양의 정자를 대량 흡수하는 것이다. 그 정자를 받고자 하늘을 향해서 애써 벌리는 손과 발이 바로 나무의 잎이다. 태양의 기는 코로 숨 쉬는 숨통을 통해서 흡수한다. 그 숨을 쉬는 콧구멍이자 숨통이 바로 나뭇잎이다. 나무는 잎을 통해서 산소를 호흡하고 섭취한다. 여름이 되면 온 나무가 저마다 경쟁이라도 하듯이 잎이 만발하고 무성하다. 잎이 만발하고 무성한 것은 결코 장식용이나 전시품이 아니고 하늘의 정자를 하나라도 더 받기 위한 호흡수단이요 창조수단이다. 무성할 무(茂)를 상징한태아의 아버지이자태기요정자의 주체가 바로 戊토다. 戊土가 바로 잎을 통해서 애써 흡수한 하늘의 정자는 모두 아내인 己土가 정중히 받아서 잉태하고 부화한다. 己土는 자식을 잉태한 임신부로서 남편인 戊土가 생산 공급한 정자의 수량에 정비례해서 열매를 만들어낸다. 戊토의 정자생산수단은 이파리다. 잎이 많으면 정자의 생산이 풍부하듯이 기토의 열매 생산은 풍작을 이루는데 반해서 잎이 빈약하면 정자의 생산도 빈약한지라 그를 부화시키는 열매창조도 흉작을 이룬다. 때문에 오곡백과의 작황(作況)잎이 풍흉(豊凶)으로서 가린다. 잎이 벌레 먹거나 나무가 병들어서 잎이 시들면 정자의 생산이 불가능함으로서 열매는 열일 수가 없다.

4. 庚辛 金(경신 금)

오곡백과는 戊己土에 의해서 열매가 발생하고 성장한다. 사람의 태아는 열 달이면 만삭이듯이 모든 태아와 열매는 일정기간 성장하면 성숙되어 모체(母體)에서 분만되고 분리된다.

그 자라나는 열매를 완전히 성숙시키는 결실의 작용과
물체가
庚 辛 金이다.

열매를 익히려면 키우는 생기(甲)부터 거세해야 한다. 생기가 있는 한 생물은 발생과 성장이 계속되기 때문이다. 그 생기를 거세 하는 것은 싹을 트이게 하는 따뜻한 봄 바람대신 만물의 몸에 소름이 끼치는 싸늘하고 신선한 가을바람이다. 바람은 하늘의 숨이요, 입김이라 했다. 봄바람은 생기를 생산하고 온 천하에 만발시키는 발생의 합창인데 반해서 가을바람은 만물을 건조하고 거두는 수렴(收斂)의 장송곡으로서 하얀 서릿발로 둔갑한다. 서리가 내리면 푸른 녹음은 초죽음당하고 생기 없는 낙엽으로 우수수 떨어진다. 그래서 가을의 냉기는 생기를 숙청하는 살기로서 숙살지기(肅殺之氣)라고 한다. 하지만 이는 열매를 익히기 위한 생기의 거세용일 뿐 결코 생물을 살생하는 것은 아니다. 그래서 가을 서리가 내리면 생기를 먹고 사는 잎이 시들뿐 생물은 조금도 상하지 않는다. 그 열매를 익히는 하늘의 기를 숙기(熟氣)라고하고 숙기에 의해서 무르익은 오곡백과를 성물(成物) 또는 숙물(熟物-익은 물건)이라고 한다.

　陽의 庚金은 바로 만물을 성숙시키는(익히는)서릿발이자 숙기(熟氣)요 陰의 辛金은 서리를 맞고 토실토실하게 살찌고 무르익은 열매인 오곡백과다. 성숙한 오곡백과는 쇳덩이처럼 단단 한 동시에 돈을 만드는 유일한 상품이자 경제의 기본인 것이다. 그래서 오곡백과는 단단한 쇠인 金이자 부(富)의 황금으로 통한다.

5. 壬癸 水(임계 수)

　추수한 오곡백과를 온전하게 보관하고 저장하려면 생기와 열기를 얼씬도 못하게 하는 차디찬 한기와 냉동작용이 필요하다. 그러기 위해서는 지상의 생기를 송두리째 하늘로 추방하거나 지하로 잠복시키는 살기가 으뜸이다. 살기는 생물을 살생함으로써 만물은 그 살기(殺氣)를 염라대왕처럼 두려워하고 멀리한다. 그래서 살기가 주름잡는 겨울에는 만물이 저마다 몸을 사리고 얼씬거리지 않는다.

**그 무서운 냉장의 한기가 壬水요, 한기에 의해서 잘
저장된 냉물(冷物)이 癸水다.**

　가을에 추수한 오곡백과는 겨울의 한기에 의한 냉장으로 싹이 트는 변을 당하지 않고 고스란히 월동하는 동시에 봄이 되면 새로운 씨앗으로서 일 년의 농사를 시작

할 수 있다.

 겨울의 북방 수(北方 水)는 살기가 충만한 얼음덩어리로서 모든 것을 얼리거나 죽이는 살생을 능사로 한다. 그 살기 가득한 얼음 천하에 오곡백과를 온전하게 저장되고 월동할 수는 없다. 모든 것은 숨을 죽이고 죽은 듯 고요한 밤이 겨울의 북방 水이다.

 물이라는 水는 봄이 되면 생물(生物-만물을 살리는)로 변신하고 생기와 정신력으로 만물을 창조하고 개발한다. 立春부터 움직이는 水는 서서히 줄어들어서 여름이면 완전히 탕진한 상태다. 수분이 고갈 되면 정신력과 체력이 탈기되어 죽음에 이르고 허무로 돌아간다.

 조물주는 우주와 만물의 멸망을 원치 않는다. 어떠한 수단과 방법으로든지 존속시켜야 한다. 그래서 조물주는 가을이 되면 생기인 수분을 빨아먹는 거머리 같은 이파리들을 무자비 하게소탕하고 물구멍을 막아버리는 동시에 모든 수분의 지상발산을 엄금하고 지하로 거두어드리는 회수작전을 강력히 진행한다. 물구멍을 막으니 만물은 건조하고 목이 마르고 탈수밖에 별 도리가 없고 지상발산이 불가능하니 물을 먹고 살던 잎들은 하루아침에 시들 수밖에 없다.

천간은 천지창조의 대 법도다.

 음양오행은 천지의 본체요, 오행은 음양의 작동기능으로서 음양과 오행은 체(体-몸체)와 용(用-쓸용)을 상징한다. 우주는 하늘과 땅의 체로서 형성 되지만 그것으로만은 아무런 그것은 인간의 형체를 창조한 것뿐이다. 인간이 숨을 쉬고 생명을 가동하려면 운동기능이 사지오체와 오장육부가 있어야 한다. 그 천지음양의 체를 움직이고 유지하는 기능은 오행으로서 구성되고 상생으로서 운동한다. 그 오행의 운동이 순리적으로 진행 하는 것을 상생이라고 한다.

다시 10천간으로 돌아가 천간을 더 자세히
설명하려고 한다.

1. 甲乙 木(갑을 목)

봄에 씨를 뿌리면 지하수에 의해서 씨가 생명으로 부화되고 생물로 발생한다. 콩을 심으면 콩이 싹이 틔우고 싹은 지상으로 고개를 쳐들고 나타난다.

甲의 콩이 생기를 얻어서 생물로 부화되고 흙을 머리로 밀어내면서 바야흐로 발생하는 모습이다, 아직은 지상으로 나타나지 않았지만 흙이 갈라지면서 새싹이 움트고 있는 모습이다. 이는 甲의 생기에 의해서 만물이 부화되고 발생하는 과정이요 모습이다. 생기에 의해 부화되고 지상으로 고개를 쳐들고 나오는 만물의 형상이 乙이다. 乙은 글자 그대로 생물이 지상으로 분명히 나타나고 용솟음치듯이 구비처자라는 모습이다. 처음 나타나는 새싹은 뾰족하지만 자라나면서 싹은 갈라지고 굽어지며 위로 치솟는다. 乙은 갈라지고 굽어지며 위로 치솟는 생물의 발생과정과 형상을 그대로 나타내고 있다. 甲은 乙을 탄생시키는 생기요 乙은 甲의 생기에서 탄생한 생물이다. 목은 부화하는 생기와 발생하는 생물로 나누어지듯이 火土金水 역시 운기와 형상으로 나누어진다.

2. 丙丁 火(병정 화)

 火는 성장을 상징한다. 만물이 성장하려면 먼저 성장시키는 운기가 나타나야 한다. 지구상에 성장을 촉진하는 열기와 화기(化氣)가 넘치고 가득하면 만물은 저마다 뜨거운 운기에 의해서 성장하고 번창한다. 그 뜨거운 성장의 운기를 丙이라고 하며 丙의 운기에 의해서 확산되고 팽창되어서 성장한 만물의 형상이 丁이다. 丙은 태양과 빛과 열을 상징한다. 태양은 하늘의 정기이다. 하늘 천(天)자가 양쪽으로 날개를 내린 형상이다. 그것은 암탉이 병아리를 보살피기 위해서 날개를 감싸고 품어주는 형상이다.

 만물을 발생시키는 봄 날씨는 따스하지만 아직은 바람이 차고 변덕이 심해서 마음을 놓을 수가 없다.
어린 병아리를 기르려면 암탉이 품어주고 보살펴 주어야 하듯이 봄에 발생한 만물을 보살피고 성장시키려면 하늘의 태양이 날개를 내리고 뜨거운 열기를 내뿜고 베풀어야 한다. 발생하는 운기(雲氣-生氣)가 나타나면 만물은 부화되고 나타나듯이 성장하는 운기(열기)가 나타나면 만물은 무럭무럭 자라나고 번창한다. 하늘높이 치솟은 성장의 표본이 丁이다. 한 일자와 세로로 그어진 한 가닥은 대나무처럼 곧게 치솟고 뻗어난 모습이다. 지하의 만물이 하늘높이 성장한 형상이다. 丙은 만물을 성장시키는 뜨거운 운기를 상징하듯이 丁은 성장을 촉진하는 열기에 의해서 힘차고 무성하게 자라난 만물을 상징한다. 만물을 발생 시키는 것은 봄의 따스한 햇빛이듯이 만물을 무럭무럭 자라나게 하는 것은 여름의 뜨거운 햇빛이다. 만물을 발생시키는 것도 태양이요 성장시키는 것도 태양이다. 태양은 무에서 유를 만들어내고 어린것을 왕성하게 성장시킨다. 그 태양에 의해서 힘차게 자라나고 지상에 우뚝 치솟은 천하장성이 丁이다. 木은 어린 소년 소녀로서 미성년인데 반해서 火는 성장된 청년이요 성년이며 장정이다.

3. 戊己 土(무기 토)

土는 음과 양이 하나가 되어서 제2의 생명을 잉태하고 부화하는 태기요 태아이다. 태기는 아버지의 정기에 의해서 나타난다. 아버지의 정기를 받아서 생명을 잉태하고 부화하는 것은 어머니의 자궁이요 난자이며 양수이다. 戊는 생명을 잉태하는 태기요 己는 잉태해서 부화되는 태아이다. 나무는 잎을 통해서 산소를 호흡하고 섭취한다. 산소는 하늘의 정기이자 생명의 태기이다. 나무가 열매를 맺으려면 하늘의 정기를 대량으로 섭취해야 한다. 하늘의 에너지를 섭취하는 작용을 광합성이라고 한다. 광합성은 지하수와 태양의 화합작용이다. 광합성은 엽록소인 잎을 통해서 이루어진다. 광합성이 왕성하려면 잎이 무성해야 한다. 잎이 무성한 밤나무에는 밤이 많이 열리지만 잎이 여윈 밤나무에는 밤이 열리지 않는다. 잎이 무성한 土를 戊라고 한다. 戊는 무성할 무(茂)를 상징한다. 무성한 잎을 통해서 태기를 얻고 태기에 의해서 잉태되고 부화된 태아를 상징하는 오행이 己이다. 여성이 임신을 하면 태아가 생긴다. 태아가 자라나면 아랫배가 부풀어 오른다. 임신한 여인의 아랫배가 불룩하게 부풀려진 모습이 己이다. 만물은 잉태하는 운기에 의해서 생명을 잉태하고 태아를 가질 수 있다. 태기가 없으면 생명을 잉태할 수 없듯이 만물은 戊의 태기에 의해서만이 새 생명을 잉태하고 부화할 수 있다.

4. 庚辛 金(경신 금)

오곡백과는 성숙해야만 먹을 수 있다. 만물은 음과 양의 화합인 광합성에 의해서 에너지를 생산 섭취하고 성장한다. 열매를 익히려면 성장을 멈추어야 하고 성장을 멈추려면 광합성을 단절시켜야 하며 광합성을 단절시키려면 엽록소를 파괴시켜야 한다. 엽록소를 파괴하는 것은 살생이 아니고 성숙시키는 것이다. 열매를 성숙 시키려면 엽록소를 파괴하는 숙기(熟氣)가 있어야 한다. 오곡백과를 성숙시키는 운기와 더불어 그 운기에 의해서 성숙된 열매를 金이라고 하며 金은 庚과 辛으로 나누어진다. 庚은 성숙시키는 운기요 辛은 그 운기에 의해서 알차게 성숙한 오곡백과요 열매이다. 과연 엽록소를 파괴할 수 있는 운기는 무엇이며 어떻게 나타나는가? 그것은 늦가을에 내리는 하얀 서리(霜-서리상)이다 서리는 고춧잎을 비롯해서 오곡백과 잎을 파괴하고 시들게 해서 광합성을 단절시킨다. 잎을 잃으면 광합성이 불가능한 동시에 성장 또한 불가능하다. 서리는 차고 하얗다. 그래서 金이 백금(白金)이라고 한다. 하얀 金이 아니다. 하얀 서리를 의미한다. 서리가 내리면 열기가 가시고 한기가 스며든다. 서리가 내리고 한기가 나타나는 음력 구월(九月)을 한로(寒露)라 한다. 만물은 성장을 촉진하는 운기인 庚에 의해서 성장을 마무리하고 성숙을 서둘러서 결실한다. 결실된 벼와 콩은 쇳덩이처럼 단단하고 야무지다고 해서 金이라고 한다. 쇠나 金이 아니고 쇳덩이와 금덩이처럼 야무지고 단단한 열매를 의미한다. 수분이 많은 과일은 수분이 풍요함으로써 포도 알처럼 물렁하고 풍성하다. 성숙한 곡식과 열매는 인간을 먹이고 살찌움과 동시에 돈과 부를 마련한다. 金은 황금알을 낳는 부와 경제의 핵이기도 하다. 오곡백과를 비롯하며 가을의 모든 열매는 하나같이 성숙의 운기인 庚의 소생이듯이 庚의 운기에 의해서 성숙된 열매요 물질인 辛은 인간에게 빵과 돈과 부를 공급하는 노다지이다. 태양이 성숙한 것은 하루의 일과를 다한 것이다. 만물은 木에서 발생하고 火에서 성장하며 金에서 성숙한다. 성숙한 것은 성장을 다한 것인 동시에 할 일을 다 하고 결실을 맺는 것이다. 태양이 하루의 일과를 다하면 지평선으로 거두어지듯이 오곡백과를 비롯한 만물이 성숙하면 거두어진다. 金은 성숙과 더불어 거두는 것이다. 庚은 익히는 숙기(熟氣)인 동시에 거두는 수기(收氣)이듯이 무르익은 오곡백과를 비롯해서 거두어진 열매들은 하나같이 수물(收物)이다 인간은 곡식을 거둬들이기 위해서 한해의 농사를 짓듯이 거두어들인 곡식으로 생존하고 부를 이룬다. 辛은 빵이자 돈이며 경제이자 부를 상징한다.

5. 壬癸 水(임계 수)

거두어들인 오곡은 저장을 잘해야 한다. 밤이나 감자를 따스한 방에 저장하면 새싹이 튼다. 싹이 튼 밤과 감자는 영양가를 상실함으로써 상품으로 거래할 수가 없다. 곡물을 변치 않게 저장하려면 싹이 트지 않도록 냉장을 해야 한다. 냉장은 한기(寒氣)만이 가능하다. 한기는 물질의 변질과 부패를 방지한다. 한기는 겨울의 운기이다. 태양이 무력한 겨울이면 차디찬 운기가 천지를 휩쓴다. 한기는 생명을 위축시키고 위협한다. 한기가 몰아치면 벌레들은 지하로 깊숙이 숨어든다. 생기는 만물을 지상으로 발생시키는데 반해서 한기는 만물을 지하로 갈무리한다. 음식물은 냉장고에 갈무리됨으로써 변치 않듯이 생물은 지하에 갈무리됨으로써 생명을 유지한다. 음식을 냉장시키는 것은 한기이듯이 생물을 지하로 갈무리 시키는 것도 한기이다. 한기는 곧 갈무리 시키는 장기(藏氣-감추는기운)이다. 우주와 만유는 운기의 소생이요 화상(化象)이다. 생기가 나타나면 만물이 발생하고 열기인 화기(化氣)가 나타나면 만물이 성장하며 수기(收氣-거두어드리는 기운)가 나타나면 만물이 거두어지고 장기(藏氣)가 나타나면 만물이 갈무리 된다. 만물을 갈무리하는 한기이자 장기를 壬이라 한다. 壬은 한기와 장기를 상징한다. 壬의 운기가 나타나면 천지는 한기로 가득 찬다. 따스한 생기를 비롯해서 뜨거운 열기는 씻은 듯이 사라지고 살기 찬 한기에 만물은 와들와들 떨고 있다.

한기에 의해서 내장된 물질을 비롯해서 지하에 갈무리 된 생물은 장물(藏物)로서 癸라고 한다. 壬은 갈무리 시키는 운기이고 癸는 갈무리된 물체이다. 태양을 갈무리 시키는 운기 또한 壬이다. 壬에 의해서 지하로 갈무리 된 태양은 癸이다. 태양이 갈무리 되면 캄캄한 밤이 된다. 밤은 모든 것을 숨기고 갈무리 한다. 태양을 비롯해서 모든 것을 집어 삼키고 갈무리하는 壬은 죽음이나 종말이 아니다. 아침이 되면 태양이 다시 동방에서 떠오르듯이 해가 뜨면 사라진 삼라만상이 다시 제 모습을 나타낸다. 壬은 오늘을 마감하고 갈무리함과 동시에 내일을 잉태하고 새롭게 부활시킨다. 그것은 아기를 잉태하는 임신(姙娠)의 임(姙)과 같다.

2. 十二地支(12지지,지지)는 땅의 실상을 나타냅니다.

  지지는 12종류로 이루어 졌으며 이것을 지지 또는 12지지라고 합니다.
  지지는 땅의 실상을 나타냅니다.
  12지지는 다음과 같습니다.<필수암기사항>

子	丑	寅	卯	辰	巳	午	未	申	酉	戌	亥
자	축	인	묘	진	사	오	미	신	유	술	해

십이지(十二支)

  십간(十干)은 만물이 발생하고 성장하며 화합하고 잉태하며 성숙하고 거두며 갈무리하는 과정과 모습을 나타내는데 반해서 십이지는 방위와 절기와 시각을 나타낸다. 우선 동서남북의 방위를 십이(十二)등분해서 세분화 하듯이 춘하추동의 절기를 12등분으로 밝히고 아침과 저녁과 낮과 밤의 시각을 12등분으로 세분화 한다. 먼저 방위부터 살펴보기로 하자

<1>방위(方位) : 東 西 南 北

  子는 정북방(正北方)이고 午는 정남방(正南方)이며 卯는 정동방(正東方)이고 酉는 정서방(正西方)이다. 子와卯의 사이의 丑과寅은 동방과 북방의 사이로서 동북간(東北間)이라고 하듯이 卯와午사이는

동남간(東南間)방이다. 辰과 巳는 동남간(東南間)이듯이
午와 酉사이의 未와 申은 南과 西의사이로서
남서간(南西間)이라고 하고 酉와 子사이의 戌과 亥는
서방과 북방 사이로서 서북간(西北間)이라 한다.
나침판은 子午를 중심으로 한다. 이는 정북방과
정남방을 가리킨다. 子를 향해서 전진하면 북진을 하고
午를 향해서 전진하면 남진을 하는 것이다. 중국은
일찍부터 十二支의 방위를 팔괘(八卦)로 명명했다. 子는
감(坎)이라 하고 午는 이(離)라하며 卯는 진(震)이라 하고
酉는 태(兌)라고 한다. 동북간인 丑과 寅은 간(艮)이라
하고 동남간인 辰과 巳는 손(巽)이라 하며 남서간인
未와 申은 곤(坤)이라 하고 서북간인 戌과 亥는
건(乾)이라고 한다.

2.절기와 달과 시각

절기는 정월이고 입춘인 寅에서 비롯된다. 寅卯辰은 봄이고 巳午未는 여름 절기이며 申酉戌은 가을 절기이고 亥子丑은 겨울 절기이다. 寅은 맹춘(孟春)이고 卯는 중춘(仲春)이며 辰은 만춘(晚春)내지 계말(季末)이라 하듯이 巳는 맹하(孟夏)이고 午는 중하(仲夏)이며 未는 만하(晚夏)이다. 申은 맹추(孟秋)이고 酉는 중추(仲秋)이며 戌은 만추(晚秋)이듯이 亥는 맹동(孟冬)이고 子는 중동(仲冬)이며 丑은 만동(晚冬)이다. 十二支는 열두 달로 나누어지고 열두 달은 네 계절을 구성하며 네 계절은 일년을 마련한다. 하루는 열두 시각으로 나누어진다.

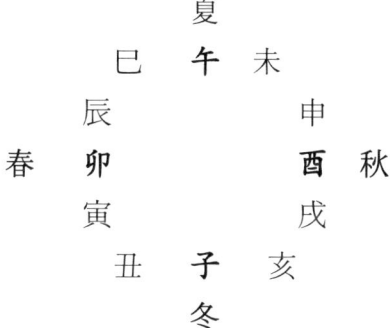

열두 시각을 나타내는 것이 十二支이다. 하루는 子시에서 시작된다. 子시는 밤 11시부터 오전 1시 전 사이로서 두 시간이다. 1시부터 3시 전 사이를 丑시라고 하며 3시부터 5시 전 사이를 寅시라고 하며 5시부터 7시 전 사이를 卯시라고 하며 7시부터 9시 전 사이를 辰시라고 한다. 9시부터 11시 전 사이를 巳시라고 하며 11

시부터 오후1시 전 사이를 午시라고 하며 하오 1시부터 3시 전 사이를 未시라고 한다. 3시부터 5시 전 사이를 申시라고 하고 5시부터 7시 전 사이를 酉시라고 하며 7시부터 9시 전 사이를 戌시라고 하고 9시부터 11시 전 사이를 亥시라고 한다. 오늘날의 하루는 24시간이다. 十二支로 24시간을 나타내려면 어떻게 하는가? 초(初)와 정(正)으로 분간한다. 즉 밤 11시부터 12시 전 사이는 子시 초이기 때문에 초자시(初子時)라 하고 밤 12시부터 오전 1시 사이는 정자시(正子時)인지라 자정이라고 한다. 낮 11시부터 12시 전 사이는 午시 초이기 때문에 초오(初午時)시라 하고 12시부터 오후 1시 사이는 오시 정인지라 정오(正午)라고 한다. 丑시 초는 초丑이고 丑시 정은 정축이듯이 모든 시각은 초와 정으로 나누어진다. <참고>지금까지 설명한 것은 정시법을 적용해 설명한 것이고 현재는 30분법을 쓰고 있으니 참고하기 바란다.>

12地支에서 바라본 木 火 土 金 水라는 五行을
살펴보자.

1. 木의 지지 - 寅 卯

木은 생기(生氣)를 창조하고 발생과 시작으로 甲목이라는 독립된 개체로 지상(地上)에 모습을 드러내고 하늘을 향해 뻗어 올라가는 乙목으로하여 음양(陰陽)으로 구성 되듯이 그 줄기를 먹이고 살찌우는 뿌리 또한 陽인 寅목과 陰인 卯목으로 구성 된다. 寅목은 甲목의 뿌리요, 卯목은 乙목의 뿌리가 된다.

2. 火의 지지 - 巳 午

丙丁 火는 南方에 위치하고 여름의 폭양을 생산하듯이 火의 뿌리는 남방에 자리 잡고 여름을 상징하는 巳와 午가 된다.

3. 金의 지지 - 申 酉

庚辛 金은 西方에 위치하고 가을을 주관 한다. 金의 뿌리는 가을을 상징하는 申酉가 된다.

4. 水의 지지 - 亥 子

壬癸 水는 北方에 위치하고 겨울을 주관 한다. 水의 뿌리 또한 물구덩이요, 호수와 강과 바다인 亥子가 된다.

5. 土의 지지 - 辰戌 丑未

金水木火는 저마다 일정한 방위와 계절이 있는데 土는 방위와 계절이 따로 없다. 그러면서도 土는 동서남북을 가릴 것 없이 지구상에 가득 차있다. 오행과 만물은 저마다 土에서 발생하고 土에 의지한다. 土는 만물의 자궁이요 조물주로서 土를 얻은 자는 살고 土를 잃은 자는 죽는다.

그래서 金水木火는 저마다 일정한 토를 가지고 있다. 오행에 있어서 土는 두 가지 역할을 한다. 하나는 오행을 창조하는 모체(母)로서의 역할이고 또 하나는 빵을 생산하고 삶을 유지하는 보금자리와 삶터로서의 역할이다. 金水木火는 저마다 모체로서의 土와 삶터로서의 고유의 땅을 가지고 있다. 모체로서는 丑은 木의 모체요, 辰은 火의 모체이며 未는 金의 모체요, 戌은 水의 모체다. 삶터로서는 丑은 水의 삶터요, 辰은 木의 삶터요, 未는 火의 삶터요, 戌은 金의 삶터이다.

    모체가 없으면 발생할 수가 없듯이 삶터가 없으면 존재 할 수가 없다. 오행과 만물은 저마다 타고난 어미 土가 있듯이 평생 먹고사는 농토를 가지고 있다. 어려서는 어미 土에 의존하지만 자라나서는 농토에 의지한다. 土의 얼굴은 戊 己 土 둘 뿐이지만 몸체는 辰戌丑未로 네 개가 된다. 군왕은 일반 오행과 똑같이 대왕과 여왕이 있을 뿐이지만 다스리는 땅 덩어리는 동서남북의 네 나라를 가진 것이다. 같은 땅이지만 辰戌 토는 戊왕에 속하고 丑未토는 己왕에 속한다.

12지지와 절기

12절기는 사주에서 아주 중요한 부분을 차지하고 있으므로 자세히 설명하고자한다.

계절은 두 가지로 구분한다. 하나는 달(月)이고 하나는 사시(四時-春夏秋冬)로 구분한다. 1년은 12달이다, 나무로 따지면 마디(節-마디 절)가 열두 개다.
한마디가 한 달을 표시하는지라 달을 절기(節氣)라고 한다. 1년은 봄에서 시작하고 봄은 해 뜨는 동방寅에서 시작하니 첫 달인 정월은 寅에서 비롯된다. 정월 다음 2월은 卯이고 3월은 辰이며 4월은 巳이고 5월은 午이고 6월은 未이며 7월은 申이고 8월은 酉이고 9월은 戌이고 10월은 亥이고 11월은 子이고 12월은 丑이된다.

절기는 저마다 철을 상징하는 아호(雅號)를 가지고 있다.

01월은 寅 입춘(立春)　　07월은 申 입추(立秋)
02월은 卯 경칩(驚蟄)　　08월은 酉 백로(白露)
03월은 辰 청명(淸明)　　09월은 戌 한로(寒露)
04월은 巳 입하(立夏)　　10월은 亥 입동(立冬)
05월은 午 망종(芒種)　　11월은 子 대설(大雪)
06월은 未 소서(小暑)　　12월은 丑 소한(小寒)

절기는 계절을 세분화한 사계절의 12등분으로서 계절이 들고 나는 것을 구체적으로 밝히고 있다.
먼저 계절이 바뀌는 사계절의 시작은 계절에 들어간다,

세운다 해서 立에서 비롯된다하여 立春 立夏 立秋 立冬 으로 立은 이제부터 세우기 시작한다 하여 立자를 쓰는 것이다.

<01>입춘은 봄이 되었다 하여 설 입(立)자와 봄 춘(春)자로 봄이 세웠다 이고,

<02>경칩은 겨울동안 숨어 들어박혔던 개구리 등 벌레들이 봄이 되어 놀라 저마다 밖으로 뛰쳐나온다, 로 놀랠 경(驚)자에 숨을 칩(蟄)자를 쓴다.

<03>청명은 춘삼월 맑고 밝은 봄 하늘로 맑을 청(淸)자에 밝을 명(明)자를 써서 청명 이라하였고

<04>입하는 여름이 들어 섰다하여 설 입(立)자와 여름 하(夏)자를 썼으며,

<05>망종은 꺼럭과 종자가 만발하는 시기라 하여 까끄라기 망(芒)자에 씨 종(種)자를 써서 芒種이라 하였고,

<06>소서는 천지가 여름더위로 가득 찬 열기에 무더위로서 작을 소(小)자에 더울 서(暑)자로 여름을 알리며,

<07>입추는 여름이가고 가을을 세웠다하여 입추(立秋)라 하였고,

<08>백로는 8월 中秋 가을로 하얀 서리가 대표적인 상징이다.

<09>한로는 9월로 쌀쌀한 寒氣가 서릿발을 세운다하여 寒露라 하였고,

<10>입동은 겨울로 들어섰다하여 立冬인데가을천하를 겨울천하로 혁신한다.

<11>대설은 겨울천하는 하얀 白雪로 뒤덮인다하여 大雪이라고 한다.

<12>소한은 寒氣가 극대화 한 것이니 12월은 小寒이라 한다.

四柱를 배워(學)서 풀어먹는 데에서는 12절기가 아주
중요하다.
그러므로 절기에 대하여는 앞으로도 계속 이야기
하게 되니
이정도로 알고 넘어가기로 한다.

  다만 음양의 영고성쇠와 상생 상극(陰陽의 榮枯盛衰와 相生 相剋)도 중요 하므로 집고 넘어가야 하기에 자세히 설명하기로 한다,
 음양을 대표하는 것은 하늘과 땅이듯이 음양의 영고성쇠는 천지의 운기이자 생기인 태양의 조화다. 태양의 빛과 열이 늘어나면 양기가 발생하고 성장하는 반면에 음기가 후퇴하고 음기가 시드는데 반해서 태양의 빛과 열이 줄어들면 양기가 후퇴하고 시드는 반면에 음기가 발생하고 성장한다. 태양의 열기가 늘고 주는 것은 태양 그 자체의 조화가 아니라 태양의 열기를 받는 지구의 자세와 위치 때문이다. 지구가 태양을 향해서 전진하고 가까이 다가가면 열기의 양이 많아지므로 지구의 양기는 점점 늘어나듯이 반대로 지구가 태양을 등지고 태양으로부터 점점 멀어져가지면 받는 열기의 양이 감소되므로 지구의 양기는 점점 줄어들 수밖에 없다. 양과 음은 물과 불같아서 상극인지라 양이 전진하면 음은 후퇴하고 양이 후퇴 하면 음이 전진한다.
 음양은 상생도 하고 상극도 상생(相生)이란 서로 상(相)자와 날생(生)자로 서로 도와준다는 의미이고 상극

(相剋)은 서로 상(相)자에 이길 극(剋)자로 서로 이기고 싸워 짐을 말한다.

五行의 屬性 <오행의 속성>

오행의 속성(五行의 屬性)은 오묘한 진리라서 자세히 알고 나면
아주 쉽게 느껴진다.
木은 봄이고 발생이라면 火는 여름이고 성장을 뜻하므로 木인 봄은 火인 여름에게 성장하라고 도와주는 것을 木生火 라고 한다. 火는 다시 타서 재가 되니 火生土라고 하고 土역시 다시 金에게 土生金하여 주면 金은 다시 水에게 金生水 하여 주면 水 역시 水生木으로 계속연결 되는데 그래서 오행은 내리사랑이라 말 할 수 있다.

그런가하면 오행은 서로 싸우고 이기고를 하는데 이것을 상극(相剋)이라고 한다. 오행의 상생은 내리 사라이라면 오행의 상극은 하나를 건너서 극하게 되어 木극土 土극水 水극火 火극金 金극木으로 다시 돌아오게 된다.

삼양삼음 (三陽三陰)

천지의 운기는 음과 양으로 나누어진다. 떠오르는 생기가 발생하는 동방에서는 양이 상승하고 열기가 치솟는 남방에서는 양이 왕성하며 거두는 수기(收氣)가 가득 찬 서방에서는 음이 하강하고 갈무리 하는 장기(藏氣)가 도사리고 있는 북방에서는 음이 극성하다.

음과 양의 진행과 왕 쇠 강약을 구체적으로 밝히는 눈금이 十二支이다. 음이 왕하며 양이 쇠하고 양이 왕하면 음이 쇠하듯이 음이 극하면 양이 생하고 양이 극하면 음이 생하는 것이 운기의 법칙이다. 음은 소음(少陰) 태음(太陰) 궐음(厥陰)의 세 가지로 나누어지며 양 또한 소양(少陽) 태양(太陽) 양명(陽明)의 세 가지로 나누어진다. 이를 삼양삼음(三陽三陰)이라고 한다. 양은 1에서 시작해서 6에서 마무리 되고 음 또한 1에서 시작해서 6에서 마무리 된다. 이제 음양의 양 쇠 강약을 十二支 별로 살펴보자

子: 1양 5음   丑: 2양 4음   寅: 3양 3음
卯: 4양 2음   辰: 5양 1음   巳: 6양 무음
午: 1음 5양   未: 2음 4양   申: 3음 3양
酉: 4음 2양   戌: 5음 1양   亥: 6음 무음

양은 子에서 生하고 午에서 극성하며 未에서 후퇴하고 亥에서 몰락하듯이 음은 午에서 生하고 亥에서 극성한다.

子에서 후퇴하고 巳에서 몰락한다. 子는 밤11시부터 오전 1시 사이이고 午는 낮 11시부터 하오 1시 사이이며 巳는 오전 9시부터 11시 사이이고 亥는 오후 9시부터 11시 사이이다. 하루의 천지운기 중 양기는 子시에서 시작하듯이 한해의 천지운기 중 양기는 子월에서 시작된다. 사라진 양기가 다시 부활해서 나타나는 것을 일양래복(一陽來復)이라고 한다. 양이 극성한 巳에서는 음이 설 곳이 없어서 사라지듯이 음이 극성한 亥에서는 양이 설 땅이 없음으로 양은 사라진다. 이를 양 왕 음 사하고 음 왕 양사라고 한다. 왕은 극(極)을 의미한다. 양이 극하면 더 이상 진행할 수가 없다. 양이 지탱하려면 한걸음 물러서야 한다. 양이 한 발짝 물러서면 음이 나타나서 한 발짝 전진한다. 양이 극한 곳에 음이 발생하는 것이다. 이를 양극음생(陽極陰生)이라고 한다. 음이 극하면 어찌 되는가? 더 이상 전진할 수 없음으로 한걸음 후퇴해야 한다. 음이 후퇴하면 음이 극성해서 밀려나고 사라진 양이 자생(自生)하고 전진한다. 이를 음극양생(陰極陽生)이라고 한다.

寅은 3양 3음인데 반해서 申은 3음 3양이다. 얼핏 보면 같은 3양 3음이지만 그 내막은 전혀 다르다. 寅은 떠오르는 양이고 申은 내리막의 양이다. 상승하는 양과 하강하는 양은 판이하다. 寅은 양이 전진하고 음이 후퇴하는데 반해서 申은 음이 전진하고 양이 후퇴한다. 양은 정신이요 음은 물질이다.

寅은 해가 떠오르는 동방으로서 정신세계를 창조하고 申은 해를 거두는 서방으로서 물질세계를 주관한다. 寅은 호랑이라고 한다. 호랑이는 백수지장이다.

인간은 만물의 영장이다. 동물 중에서 정신적 문화를 창조한 것은 인간뿐이다.

寅은 곧 사람 인(人)이다. 申은 잔나비(원숭이)이다. 인간과 잔나비는 닮은 곳이 많다. 그 이유는 음과 양이 다 같이 삼음삼양이기 때문이다. 음양의 숫자는 같지만 주체는 정반대이다. 寅은 양이 주기인데 반해서 申은 음이 주기(主氣)이다. 인간은 정신이 위주인데 반해서 잔나비는 물질이 위주이다. 인간은 처음부터 정신적 문명을 개발해서 문화 세계를 창조한데 반해서 잔나비는 처음부터 물질적인 빵만을 추구함으로써 짐승의 세계를 탈피하지 못하고 있다.

우주와 만유는 하나같이 음양의 운기로써 창조되는 음양의 조화이며 소생이다. 寅과 申은 음과 양의 운기가 아주 비슷하고 흡사하다. 사람과 잔나비가 유사한 것은 바로 음양이 비슷하기 때문이다. 인류학자들은 원숭이가 인간의 조상이라고 한다. 원숭이가 진화해서 인간이 되었다는 것이다. 그렇지만 이는 인간과 잔나비가 왜 유사한지 까닭을 비롯해서 寅과 申의 주기(主氣)를 전혀 모르고 하는 추리요 망발이다. 우주의 지리를 밝힐 수 있는 것은 음양의 진리이듯이 인간과 잔나비의 유사한 까닭을 밝힐 수 있는 것 역시 음양의 진리이다.

인간은 처음부터 인간으로 태어났듯이 잔나비 또한 처음부터 잔나비로 태어난 것이다. 같은 인간이지만 피부색이 다른 것은 음양의 운기 때문이다.

동방은 따스한 생기가 가득 참으로써 동방인의 피부색은 불그스레하면서 황색인데 반해서 남방은 뜨거운 열기가 이글거림으로써 남방인의 피부색은 검붉다. 붉게 타오르는 태양빛에 온몸이 검게 타버린 것이다.

서방은 수기(收氣)가 가득하고 태양을 거둠으로써 서방인의 피부색은 붉거나 검게 타지 않는다. 서방 金을 상징하는 하얀색의 서리처럼 피부색이 하얀 백색이다. 북방은 태양을 갈무리 하는 밤과 겨울이듯이 북방인은 붉을 수도 없는 검을 수도 없는 백색의 피부를 가지고 있다. 동방과 남방은 양의 세계인데 반해서 서방과 북방은 음의 세계이다. 적황색과 흑색은 양의 운기를 상징하고 백색은 음의 운기를 상징한다.

<2> 陰陽五行(음양오행)이란 무엇인가?

1. 음과 양

음은 땅이요 양은 하늘이다. 음은 물(水)이요 양은 불(火)이다. 땅은 네모지고 하늘은 둥글며 물은 차고 어두우며 불은 뜨겁고 밝다. 땅은 낮고 작으며 하늘은 높고 크다. 땅은 형체가 있는 물질이요 물체인데 반해서 하늘은 형체가 없는 대기로 가득 찬 기체이다. 땅은 정지 상태로 고정된데 반해서 하늘은 항상 움직이고 유동적이다. 음은 여성이요 양은 남성이다. 여성은 온화하고 피동적인데 반해서 남성은 씩씩하고 능동적이다. 여성은 자라서 어머니가 되고 남성은 자라서 아버지가 된다. 어머니는 아내요 아버지는 남편이다. 아내와 남편은 한 쌍의 부부이다. 여성과 남편은 남남이다. 여성이 남성 없이도 살 수 있듯이 남성 또한 여성 없이도 살 수 있다. 그렇지만 아내와 남편은 다르다. 아내 없는 남편은 있을 수 없듯이 남편 없는 아내는 있을 수 없다. 아내 없는 남편은 홀아비로서 남편이 아니듯이 남편 없는 아내는 과부로서 아내가 아니다.
하늘과 땅은 전혀 별개이듯이 물과 불 또한 전혀 별개이다. 음과 양은 아내와 남편으로서 불가분의 한 쌍의 부부이다. 음이 없으면 양이 있을 수 없듯이 양이 없으면 음이 있을 수 없다. 음은 양에서 발생하고 양은 음에서 발생하며 음은 양에 의지하고 양은 음에 의지한다.

이것이 있어야 저것이 있고 저것이 있어야 이것이 있으며 이것이 생겨야 저것이생기고 저것이 없으면 이것도 없어진다. 음과 양은 상생하고 공생하며 상부하고 상조한다. 인간은 하나같이 아내와 남편인 동시에 어머니와 아버지 사이에서 태어난 부모의 소생이듯이 우주만유는 저마다 아내와 남편이요 어머니와 아버지인 음과 양의 사이에서 태어난 음양의 소생이다. 음양은 하늘이나 땅이나 물이나 불이나 여성이나 남성이나 아닌 한 쌍의 부부로써 인간을 비롯한 우주 일체 자를 잉태하고 탄생시키는 어버이요 창조자이며 조물주이다. 음은 물질과 물체를 형성하고 양의 기질과 기체를 형성한다. 물체는 형체로서 인간의 육신을 형성하고 기체는 무형으로서 인간의 정신을 형성한다. 인간은 육신과 정신에 의해서 생명을 유지하고 존재한다. 육신 없는 정신은 있을 수가 없듯이 정신없는 육신은 존재 할 수 없다. 육신과 정신은 불가분의 한 쌍의 부부 같다. 남편이 병들면 부부생활을 할 수 없듯이 아내가 병들면 부부생활은 불가능하다. 육신이 병들면 사람구실을 할 수 없듯이 정신이 병들면 사람구실을 할 수가 없다.

음과 양은 수레의 두 바퀴와 같다. 수레는 한 쪽 바퀴만으로는 움직일 수 없다. 양쪽의 바퀴가 모두 있어야만 움직일 수 있다. 인간을 비롯한 만유는 하나같이 음과 양에 의해서 창조되고 탄생한다. 음은 우주의 아내요 양은 우주의 남편이다.
아내는 만유의 어머니요 남편은 만유의 아버지다. 아버

지는 생명의 씨를 뿌리고 어머니는 씨를 잉태해서 생명을 부화한다. 아버지가 없이 생명이 발생 할 수 없듯이 어머니가 없이는 생명을 탄생 할 수 없다. 아버지와 어머니는 만유의 어버이 이듯이 음과 양은 우주와 만유의 창조자요 조물주이다.

　음과 양은 태극에서 탄생하고 태극은 무극에서 탄생한다. 음과 양은 태극의 소생이듯이 태극은 무극의 소생이다. 극이란 극대와 극한과 극진을 상징한다. 무극은 무의 극대와 극한과 극진을 상징하고 태극은 시작의 극대와 극한과 극진을 상징한다. 무의 세계가 다하면 음과 양이 성숙해서 우주와 만유가 창조되고 탄생한다. 무극의 세계가 어떻게 형성되고 태극의 세계가 어떻게 형성 되었으며 만유가 어떻게 발생해서 우주와 만유가 어떻게 형성되었는지 전혀 알 수 없다. 그렇지만 만유란 음과 양에 의해서 탄생하였듯이 음과 양이 태극에서 태동하고 태극이 무극에서 태동한 것만은 분명하다. 무는 유를 창조하고 유는 음을 창조하며 음양은 생명을 창조한 것이다. 모든 것은 무의 세계에서 비롯된 무의 소생이듯이 우주와 만유는 무에서 이루어진 유의 형상인 것이다. 우주와 만유는 음과 양의 소생으로서 그 조상은 태극이고 그 뿌리는 무극이다. 뿌리가 없는 나무가 있을 수 없듯이 무극이 없는 태극이 없는 음과 양은 있을 수 없으며 음과 양이 없는 생명을 있을 수 없다.

2. 五行(오행)

1. 목(木)

 무에서 유가 탄생하고 유에서 음양이 탄생하며 음양에서 만물이 탄생한다는 것은 창조의 원리요 법칙이며 대도(大道)요 진리이다. 지구상에 최초로 생명이란 형체가 탄생해서 성장하고 성숙해서 거두고 갈무리하는 진행과 운동과 변화의 과정과 법칙을 오행이라고 한다.
아무것도 없는 지상에 그 무엇인가가 탄생하고 발생하는 모습을 상징하는 문자가 바로 목(木)이다. 木은 한 일(一)자 위에 한 가닥이 뾰쪽이 나타나고 한 일자 아래에 세 가닥이 그어져 있다. 그 한 일자는 땅인 지평선을 의미한다. 지평선 위에 그 무엇이 바야흐로 나타나고 있는 형상과 과정을 상징한다. 나타나고 있는 것은 생명의 형체이며 물체이다. 과연 생명은 어떻게 해서 창조 되었는가? 그 대답은 간단하다. 만유는 음과 양의 소생이듯이 생명은 음과 양에 의해서 탄생한다.

 음은 땅이요 양은 하늘이다. 땅의 정(精)은 물이요 하늘의 정은 태양이다. 땅은 만유를 잉태하고 탄생하는 어머니이다. 어머니는 혼자서 잉태할 수 없다. 씨를 뿌리는 아버지가 있어야만 씨를 잉태하고 부화할 수가 있다. 땅이 생명을 잉태하고 부화하는 데에서 음이란 물과 양이란 불(태양)이 있어야 한다.

태양 火가 없으면 잉태가 불가능하고 지하水가 없으면 부화가 불가능하다. 생명을 창조하는 것은 땅을 비롯해서 물과 불의 조화이다. 땅은 어머니의 자궁이고 불은 아버지의 정자이며 물은 어머니의 난자이며 양수이다. 자궁이 없으면 아버지의 정자를 받을 수가 없듯이 아버지의 정자 없이는 생명을 잉태 할 수 없고 어머니의 난자와 양수 없이는 생명을 부화할 수가 없다. 땅은 음과 양을 중화 시키고 조화시킴으로써 생명을 잉태하고 부화시키는 조화를 한다. 인간을 비롯한 만유는 하나같이 땅에서 태어나서 땅을 먹고 살며 땅으로 사라진다. 땅이 없이는 한순간도 살수 없는 것이 생명체이다. 생명은 음인 물과 양인 불에 의해서 창조되는 음양의 소생이요 조화이다. 물이 없는 땅에서는 생물이 발생할 수도 존재할 수도 없듯이 태양의 빛이 무기력해서 꽁꽁 얼어붙은 빙하와 동토에서는 생명이 탄생하거나 존재할 수가 없다. 땅과 물과 불은 생명의 삼대요소로서 필수적이다. 물은 생명의 물질이요 불은 생명의 기질이다. 물질은 물체를 형성하고 기질은 기체를 형성한다. 물체가 안으로 뭉치고 수축하는데 반해서 기체는 밖으로 분산되고 확대된다. 지하에 갈무리된 물을 지상으로 뽑아 올리고 뭉친 것을 확산시켜 형체화해서 생물로 창조하는 것은 태양의 조화이다. 물로서 생명체를 형성하는 것을 기화(氣化)요 조화(造化)라고 한다. 태양의 의해서 물이 생물 화하고 지상에 처음으로 고개를 쳐들고 나타나는 형상이 바로 木이다.

왜 지상에는 한 가닥이고 지하에는 세 가닥인가? 지상의 한 가닥은 기화된 생물의 형체이고 지하의 세 가닥은 아직 기화되지 않은 지하의 물이다. 형체는 양이요 물은 음이다. 양은 하나이고 음은 셋이다. 양보다 음이 압도적이다. 그 이유는 간단하다. 창조하는 양의 능력이 음의 능력보다 약하기 때문이다. 그것은 물로써 생명을 창조하고 탄생시키는 시작임과 동시에 만물이 지상에 발생하는 첫 과정이요 시작을 상징한다. 글자그대로 풀이하면 나무이지만 참뜻은 만유가 지상에 처음으로 나타나는 발생과 시작의 형상이요 상징이며 의미이다. 해는 동방에서 떠오르고 발생한다. 이를 동방木이라고 한다. 동방의 나무가 아니고 동방에서 발생하고 떠오르며 나타나는 뜻이다. 만물은 봄에 새싹이 나타난다. 이를 춘목(春木)이라고 한다. 봄의 나무가 아니고 만물이 봄에 발생한다는 뜻이다. 인간은 어머니의 자궁에서 태어난다. 자궁에서 머리를 쳐들고 탄생하는 형상이 바로 木이다. 무의 지평선에 유의 형체가 처음으로 나타나는 발생과 시작이 바로 木의 오행이다. 나무 木과 오행의 木은 하늘과 땅의 차이이다. 만유는 발생에서 시작되듯이 오행은 木에서 비롯된다.

우주가 최초로 탄생하는 모습과 과정은 바로 우주의 木이듯이 지구가 처음으로 탄생하는 과정과 형상은 바로 지구의 木이고 인간을 비롯한 만물이 탄생하고 나타나는 과정과 모습은 바로 만물의 木이다.

木은 우주와 만유가 탄생하는 발생과 시작의 대명사로서 우주와 만유가 탄생하고 성장하며 성숙해서 거두고 갈무리하는 운동과 변화의 법칙인 오행은 木에서 비롯된다. 오행은 木에서 시작되고 진행되듯이 이 세상의 모든 것은 木의 오행에서 태어난다. 오행은 천지의 운기이다. 木은 발생하는 운기로서 이를 생기(生氣)라고 한다. 생기는 만물을 발생시키는 운기이다. 아침이면 동방에서 생기가 발생하고 왕성하며 가득 찬다. 그 생기에 의해서 동방에 탄생하고 나타나는 것이 바로 태양이다. 태양은 저절로 떠오르는 것이 아니라 천지간에 가득 찬 동방의 생기가 의해서 동방에서 떠오르는 것이다. 봄이 되면 천지간에 생기가 발생하고 왕성하며 충만하다. 그 넘치는 생기에 의해서 눈을 뜨고 새싹을 나타내는 것이 만물이다. 새로운 생명이 발생하는 것은 봄의 조화가 아니고 생기의 조화이다. 생기는 만물을 탄생시키듯이 태양을 비롯한 우주와 만유를 탄생시킨다. 생기가 있는 곳에는 木의 오행이 있듯이 木의 오행이 있는 곳에는 생기가 가득 차 있다. 오행은 木에서 비롯되듯이 우주와 만유는 木의 생기에서 비롯되고 탄생한다.

2. 화(火)

　동방에 떠오른 태양은 쉬지 않고 중천에 오른다. 중천은 남방에 위치한다. 남방에서 태양은 중천에 오르는 동시에 빛과 열이 극대화하고 왕성하다. 아침의 태양은 빛과 열이 따스한데 반해서 정오의 태양은 빛과 열이 부시고 뜨겁다. 따스한 빛과 열이 부시고 뜨거운 것은 태양이 성장하고 변화한 것을 의미한다. 그 성장과 변화를 상징하는 오행이 곧 화(火)이다. 火는 글자그대로 풀이하면 불화가 되지만 오행상의 火의 참뜻은 변화할 화(化)이다. 크게 자라나서 어른이 되는 성장의 변화를 의미한다. 봄에 태어난 만물은 여름이 되면 무럭무럭 성장해서 무성하게 번창한다. 만물을 성장 시키고 변화 시키는 여름의 운기를 火라고 한다. 인간의 어린이는 자라나서 성년이 되고 청년이 된다. 그것은 인간의 성장과 변화로서 火를 상징한다. 태양이 성장해서 중천(中天)하는 방위는 남방이고 만물이 성장해서 번창하는 계절은 여름이며 인간이 성장해서 성년이 되는 것은 청년시절이다. 남방과 여름과 청년은 木에서 발생한 태양과 만물과 인간의 성장과 변화를 상징함으로써 火라고 한다. 남방 火 여름 火는 남방의 불이나 여름의 불이 아니고 태양이 남방에서 성장하고 만물이 여름에 성장함을 의미하는 오행의 뜻이요 상징이다. 해가 중천하면 뜨거운 열을 발생하듯이 여름이 되면 천지운기가 무덥고 뜨겁다. 아침과 봄은 따스한데 반해서 정오와 여름은 뜨겁다.

木은 따스한 생기인데 반해서 火는 뜨거운 열기인 것이다. 만물은 물과 태양에 의해서 탄생한다. 물을 생물로 창조하고 변화시키는 것은 태양의 조화이다. 태양이 따스하면 물에 생기를 공급해서 생명을 발생하듯이 발생한 생물에 뜨거운 열기를 공급하면 생물이 확산하고 확대해서 성장과 변화를 이룩한다. 만물은 木의 생기에서 발생하듯이 火의 열기에 의해서 성장한다. 그 열기는 변화하는 화기(化氣)로서 태양과 만물은 하나같이 火의 오행인 화기에 의해서 성장하고 변화한다. 아침과 봄이면 우주에 木의 생기가 가득 차고 넘침으로써 태양과 만물이 발생하듯이 낮과 여름이면 우주에 火의 열기(火氣)가 가득차고 넘침으로써 태양과 만물이 왕성하게 성장하는 것이다. 木의 글자는 지평선 위에 한 가닥이 나타나고 지하에서 가닥이 갈무리되는데 반해서 火의 글자는 위로 세 가닥이 힘차게 치솟은데 반해서 아래에는 두 가닥의 작은 꼬리가 있다. 이는 木 을 형성하고 있는 지상의 작은 한 가닥이 세 가닥으로 힘차게 치솟고 성장하데 반해서 지하의 왕성한 세 가닥이 두 가닥으로 바짝 줄고 오그라져서 마치 쥐꼬리처럼 축소된 것이다. 지상의 꼭지는 양을 상징하고 지하의 가닥은 음을 상징한다. 木은 양이 하나이고 음이 셋인데 반해서 火는 양이 셋이고 음이 둘이다. 木은 양보다 음이 왕성한데 반해서 火는 음보다 양이 압도적이다. 만유는 음과 양에 의해서 창조된다. 음의 정(精)은 水요 양의 정은 火이다. 火는 水를 생물로 변하 시키는 화기(化氣)이다.

화가 약하면 생물 화하는 조화가 약한데 반해서 火가 왕성하면 생물 화하는 조화가 왕성하다. 木은 물을 생물 화하는 火가 약함을 상징하는데 반해서 火는 물을 생물 화하는 화기(化氣)가 왕성함을 상징한다. 물이 생물 화하고 형체화한 것이 만물이다. 木은 겨우 한 가닥의 생물을 발생시킴으로서 지하水가 왕성하게 버티고 있는데 반해서 火는 세 가닥의 생물을 창조하고 성장시킴으로써 지하 水가 거의 다 탕진되고 쥐꼬리만큼 남아있다. 이는 무엇을 의미하는가? 만물은 물로 빚은 물의 화신이다. 물이 생물 화하면 물이 소모되고 축소된다. 생물이 많이 발생하면 물이 많이 소모된다. 여름철만 물이 성장하려면 엄청난 물이 소모된다. 가령 만물의 성장에 물의 90%가 소모되었다면 물의 양은 10%로 줄어든다. 지상의 만물은 바로 지하의 물이 형상화한 화상이요 화신이다. 지상의 형상이 10%이면 지하의 물이 10% 소모됨으로써 90%로가 남아 있는데 반해서 지상의 화상이 90%이면 지하의 물이 90% 소모됨으로써 겨우 10%로가 남아있는 것이다. 만물을 창조하는 것은 태양과 빛과 열이지만 그것은 혼자서 이루어지는 것이 아니라 땅과 물에 의해서만이 이루어지는 음양의 조화이다. 물은 火를 얻어야만 생물을 탄생할 수 있듯이 火는 물을 얻어야만 생물을 창조할 수 있다. 물이 물체로 변하는 것이 생물이요 만물이다. 생물은 하나같이 물과 불에 의해서 탄생한다. 물과 불의 소생인 생물은 평생을 통해서 물과 불에 의지하고 생존한다.

물은 생물을 먹이고 기르는 영양분이고 불은 생물이 숨을 쉬게 하는 산소이다. 영양분의 정(精)은 혈액(血液)이다. 피를 생산하는 것은 빵이고 산소를 공급하는 것은 태양과 대기이다. 빵이 없이는 살수 없듯이 산소가 없이는 숨을 쉴 수가 없다. 빵을 먹지 못하면 굶어 죽듯이 숨을 쉬지 못하면 질식해 죽는다. 식물은 뿌리를 통해서 지하수를 섭취하고 잎을 통해서 산소를 섭취한다. 엽록소를 통해서 태양火의 에너지를 섭취하는 것을 광합성이라고 한다. 광합성은 지하水와 태양火의 결합에 의해서 이루어진다. 지하水가 없으면 잎이 말라 죽음으로써 엽록소가 존재할 수 없듯이 태양火가 없으면 산소를 구하지 못함으로써 잎이 말라죽고 엽록소가 존재할 수 없다. 식물은 지하水와 태양火에 의한 광합성을 통해서 빵의 산소를 자급자족함으로써 움직이지 않고도 생존할 수 있다. 동물은 지하水를 섭취하는 뿌리와 태양火의 에너지를 섭취하는 엽록소가 없다. 광합성이 불가능함으로써 빵과 산소를 자급자족할 수가 없다. 동물이 먹고 사는 빵은 광합성을 통해서 에너지를 축적하고 있는 식물을 비롯해서, 식물을 먹고 사는 동물에서만이 구할 수 있다. 인간을 비롯한 동물은 하나같이 식물과 동물을 통해서 빵과 에너지를 구하고 섭취하고 있다. 인간은 빵으로만 살수 없다. 물을 먹여야하고 숨을 쉬어야한다. 빵과 물은 물질로서 음이요 태양과 산소는 기질로서 양이다. 인간은 음과 양에 의해서 탄생하듯이 음과 양을 떠나서는 한순간도 살수가 없다.

음과 양은 인간을 창조한 조물주인 동시에 인간이 존재하는 필수 조건이다. 음을 잃으면 질식해서 죽는다. 그것은 인간의 탄생과 존재조건인 동시에 우주와 만유의 창조와 존재조건이다.

3.토(土)

土는 글자대로 풀이하면 흙이요 땅이다. 오행은 만물이 발생하고 성장하며 거두고 갈무리하는 운동과 변화의 법칙이다. 그러나 흙은 생(生)과 사(死)가 없듯이 운동과 변화가 없다. 그것은 오행의 과정이나 법칙이 될 수 없다. 그럼에도 불구하고 土가 오행의 중심이요 핵심의 위치에 있는 까닭은 무엇인가? 土는 플러스(+)와 마이너스(-)로 형성된다. +는 양이요 -는 음이다. 양과 음이 하나로 뭉치는 것이 土이다. 이는 하늘과 땅 남성과 여성 불과 물이 한 쌍의 부부로 화합한 것이다. 木은 어린 소년이요 火는 성장한 어른이요 성년이다. 인간은 성년이 되면 저마다 짝을 찾아 결혼한다. 결혼하기 전에는 남성과 여성으로 남남이지만 결혼을 하면 남편과 아내로서 한 쌍의 부부가 된다. 남편과 아내는 사랑을 통해서 아들딸을 잉태하고 출생해서 아버지와 어머니가 된다. 그 아내와 남편, 어머니와 아버지로 이루어진 한 쌍의 불가분의 부부를 상징하는 오행이 바로 土이다.

만유는 음과 양인 부모의 소생이 듯이 우주의 어버이인 土에 의해서 태어나는 土의 소생이다.

土는 성장하고 왕성한 음과 양이 하나 되어서 인간을 비롯한 만유를 잉태하고 탄생하며 양육하고 성숙시키며 마침내 거두고 갈무리한다. 초목은 흙에서 태어나서 흙을 먹고 살다가 흙으로 돌아간다. 인간과 동물 또한 마찬가지다. 흙을 떠나서는 한순간도 살수 없듯이 흙의 기운을 먹고 살다가 흙에 묻히고 흙으로 사라져 간다. 土는 어머니의 자궁이다. 자궁은 아버지의 씨를 수태해서 생명을 부화한다. 자궁을 떠나서는 생명을 잉태할 수 없듯이 土를 떠나서는 생명을 잉태될 수도 발생할 수도 없다. 土는 음과 양의 결합으로 형성됨으로써 음과 양이 갈라지거나 어느 한쪽을 잃으면 자연 소멸한다. 음은 물이요 양은 태양이다. 물과 태양이 화합해서 상부상조하고 의지하며 공존하는 것이다.

물이 없으면 土는 가물고 초토(焦土)가 되듯이 태양이 없으면 土는 얼고 동토(凍土)가 된다. 물을 얻는 초토는 윤토(潤土)가 되듯이 태양을 얻는 동토는 윤토가 된다. 윤토는 살아있는 생토(生土)로서 만물을 잉태하고 탄생하며 양육할 수 있는데 반해서 초토와 동토는 생명 없는 죽은 사토(死土)로서 잉태와 탄생과 양육이 불가능하다. 그것은 죽은 송장이나 시체와 같다.

  아내를 잃은 남편은 홀아비가 되듯이 남편을 잃은 아내는 아내가 아닌 과부가 된다. 아내는 자식을 잉태할 수 있지만 과부는 잉태할 수 없듯이 남편은 씨를 뿌릴 수 있지만 홀아비는 씨를 뿌릴 수가 없다.

아내와 남편은 한 쌍의 부부가 되어서 사랑하고 자식을 낳을 수 있지만 홀아비와 과부는 남남으로서 부부가 될 수 없듯이 사랑하고 자식을 낳을 수가 없다. 같은 땅이지만 북극과 남극은 물은 많지만 태양이 무기력함으로써 초목이 발생할 수도 없다. 열대지방의 사막은 태양열은 왕성하지만 물이 없음으로써 초목이 발생할 수도 생존할 수도 없다. 북극과 남극의 土는 남편이 없는 과부의 土이듯이 사막의 土는 아내가 없는 홀아비의 土이다. 과부는 남편을 얻어야만 아내가 될 수 있고 자식을 낳을 수 있듯이 홀아비는 아내를 얻어야만 남편이 될 수 있는 동시에 자식을 얻을 수 있다. 자연의 土는 흙이요 땅에 지나지 않지만 오행의 土는 음과 양인 아내와 남편이요 어머니와 아버지로서 생명을 창조하고 탄생하면 양육하는 위대한 어버이다. 土는 동서남북에 가득 차 있듯이 생명의 아버지는 지구상이 가득 차 있다. 물이 있고 태양이 있는 곳에는 어디에서나 생명이 부화되고 탄생하며 존재한다. 그렇지만 같은 땅이라도 물이 없는 사막이나 태양이 허약한 동토에서는 아무것도 발생하지 않는다. 그것은 오행의 土를 형성하고 있는 음과 양의 무너지고 갈라섰기 때문이다. 만일 갈라선 음과 양이 다시 결합하면 어찌될까? 사막에 비가 내리고 동토에 태양이 쏟아지면 어찌되겠는가? 음과 양이 만나면 뜨거운 사랑이 폭발하듯이 생명이 부화되고 탄생한다. 생명은 土에서 자생(自生)하는 土의 소생이 아라 水火의 결합에서 발생하는 음과 양의 조화요 소생이다.

4. 금(金)

金은 글자그대로 풀이하면 쇠가 되고 금이 된다. 쇠나 금은 만물이 발생하고 성장하며 운동하고 변화하는 오행과는 전혀 무관하다. 아침에 동방에서 떠오른 태양은 저녁이면 서방으로 기울고 저물어 간다. 아침의 해는 발생과 시작을 상징하는데 반해서 저녁의 해는 거두는 수렴(收斂)과 종말을 상징한다. 봄철에 발생한 만물은 여름동안 성장해서 가을이면 성숙함과 동시에 거두어진다. 태양이 저무는 것은 하루의 일과를 마치고 성숙할 대로 성숙한 때문이듯이 가을에 오곡백과와 만물을 거두는 것은 무르익어서 성숙한 때문이다. 그 성숙과 거두는 수렴을 상징하는 오행이 바로 金이다. 오곡백과는 물과 태양에 광합성에 의해서 성장하고 번창한다.
곡식과 과일을 익히려면 광합성을 단절시켜야한다. 광합성은 엽록소를 통해서 한다. 엽록소를 파괴하면 광합성은 불가능하다. 엽록소를 파괴하는 것은 서리(霜)이다 가을에 서리가 내리면 고춧잎을 비롯해서 모든 잎이 시들고 떨어짐과 동시에 광합성이 중단된다. 광합성이 단절되면 오곡과 백과는 더 이상의 성장과 번창이 불가능함으로써 결실을 서둘러 맺는다. 그것은 성숙한 오곡백과가 되는 것이다. 성숙한 열매는 인간의 빵이요 에너지로서 거두어진다. 성숙한 열매는 단단하고 야무지다. 광합성은 하늘과 땅 호흡으로 이루어진다. 광합성을 단절시키려면 하늘과 땅을 갈라놓고 호흡을 단절시켜야 한다.

金의 글자는 위에 삿갓이 있고 아래에는 한 일(一)자가 그어져 있으며 중간에는 구슬 옥(玉)자가 자리하고 있다. 머리에 삿갓을 쓰면 하늘의 빛을 받을 수 없듯이 땅의 한 일자는 지하수의 섭취를 차단한다. 삿갓은 가을에 내리는 서리를 상징하며 지하수의 단절은 가을의 건조함을 상징한다. 서리가 내리면 엽록소가 파괴됨으로써 광합성이 불가능하듯이 지하수가 건조하면 영양의 섭취가 불가능하다. 오곡백과는 더 이상의 성장이 불가능함으로써 서둘러 결실을 해야 한다. 결실한 열매는 구슬처럼 야무지고 단단하면 알차다. 金은 하늘의 태양과 빛과 땅의 기름진 영양분이 하나가 되어서 오곡백과를 먹이고 살찌우는 광합성을 단절시킴으로써 열매를 성숙시키고 구슬처럼 알차게 매듭짓는 것이다.

성숙한 열매는 땀의 결실로서 거두어진다. 金은 만물의 성숙과 결실과 수렴(收斂)을 상징한다. 쇠 금(金)이라는 글자풀이 와 金과 오행의 金은 전혀 딴판이다. 태양을 거두는 것은 저녁과 서방이며 오곡백과를 거두는 것은 가을이다. 아침이면 동방에서 생기가 치솟고 넘치며 가득 참으로써 지하의 태양을 떠오르게 하듯이 저녁이면 서방에 거두는 수기(收氣)가 넘치고 가득 참으로써 태양을 지하로 거두는 것이다. 봄이면 지상에 생기를 얻고 발생하듯이 가을이면 익어가는 숙기(熟氣)와 거두는 수기(收氣)가 서리와 함께 땅을 뒤덮고 가득함으로써 만물이 성숙하고 거두어지는 것이다.

거두오진 오곡백과는 인간을 먹이고 살찌우는 빵이 되는 동시에 시장에서 사고파는 상품으로서는 돈을 마련할 수 있다. 돈은 경제의 기본이요 자본이다. 金은 성숙된 열매요 빵인 동시에 돈과 경제를 상징한다.

5. 수(水)

水는 글자대로 풀이하면 물이다. 물은 생물이 살아가는데 필수적이지만 만유가 발생하고 성장하며 운동하고 변화하는 법칙이 될 수 없다. 밤이 되면 태양은 지하에 갈무리됨으로써 빛을 나타낼 수가 없듯이 겨울이면 태양의 빛과 열이 무기력함으로써 땅이 얼고 한기가 몰아친다. 벌레들은 추위를 피해서 땅속으로 숨어버리고 오곡백과는 얼지 않도록 저장실에 갈무리한다. 태양이 지하로 갈무리되고 만물이 지하로 갈무리되는 것을 오행상 水라고한다 水는 한일자 밑에 세 가닥이 그어져 있다. 한일자는 지평선을 상징하고 세 가닥은 지하수를 비롯하여 지하에 갈무리된 만물을 상징한다. 지평선 위에는 아무것도 나타나지 않은 무의 세계를 상징하는 동시에 태양을 비롯해서 만유는 하나같이 지하로 갈무리됨을 의미한다. 태양이 없는 지상은 캄캄한 밤이요 암흑세계다. 밤이면 태양을 북방에 위치한다. 水는 북방과 밤을 상징함으로써 북방 水 요 동수(冬水)라고 한다. 북방의 물이나 겨울의 물이 아니고 북방에 태양이 갈무리되고 겨울에 만물이 갈무리됨을 의미한다. 겨울의 날씨는 차디찬 한기(寒氣)이다.

한기는 생기를 집어 삼키고 생명을 얼려 죽이는 무서운 살기요 사기(死氣)이다. 겨울이면 눈이 내리고 바람이 세차며 추위가 혹독함으로써 손발이 얼고 꼼짝할 수가 없다. 얼어붙은 땅덩어리는 살기가 가득 차 있다. 한 치 앞도 볼 수 없는 캄캄한 밤이면 쥐와 도적이 설친다. 쥐는 오곡백과를 훔쳐 먹듯이 식량과 재물을 훔치고 빼앗는다. 가장 무서운 도적은 무장한 침략자이다. 나라를 침략하는 적군을 말한다. 칼을 든 강도요 살인자인 침략군대는 무기 없는 평화로운 촌락을 습격하고 사람을 죽이며 재물을 겁탈한다. 역사적으로 침략자는 북방에서 발생하고 남방으로 쳐들어온다. 캄캄한 밤에 무장하고 쳐들어오는 적군을 현무(玄武)라고 한다. 검을 현(玄)은 밤을 의미하고 호반 무(武)는 침략군대를 의미한다. 밤에 도적질하는 도적 역시 현무라고 한다. 밤이면 도적들이 설치고 판을 치듯이 북방에서는 무장한 적군들이 남침하기 위해 호시탐탐한다. 마치 오늘의 이 나라의 판국과 같다. 밤이면 태양이 지하로 갈무리되지만 그것은 영원이 아니다. 새벽이 되면 태양은 다시 동방에서 떠오른다. 겨울 역시 영원한 것은 아니다. 때가되면 겨울은 물러가고 지상에는 따스한 봄이 돌아온다.

  태양이 돌고 돌듯이 춘하추동의 절기는 쉬지 않고 운행한다. 그 돌고 도는 태양과 절기의 운행을 오행이라고 한다. 오행은 만물이 발생하고 성장하며 성숙해서 가두고 갈무리하는 과정과 법칙이다.

태양을 비롯한 우주만유는 오행에 의해서 발생하고 성장하며 거두고 갈무리하는 운동과 변화를 한다. 생기가 발생하면 만유가 발생하듯이 열기가 발생하면 만유가 성숙하고 수기(收氣)가 발생하면만물이 거두어지고 갈무리하는 장기(藏氣)가 발생하면 만유가 지하로 갈무리된다. 생기와 열기와 수기와 장기는 우주만유를 창조하고 움직이는 천지간의 운행원동력으로서 운기(運氣)라고 한다. 인간을 비롯한 만유는 하나같이 운기에 의해서 창조되고 발생하며 성장하고 성숙하며 거두고 갈무리되는 운기의 조화요 현상이다. 운기는 쉴 사이 없이 운동하고 변화한다. 그 운기의 운동과 변화의 과정과 법칙이 바로 오행이다. 운기가 최초로 발생하는 과정이 木이요 성장하는 과정이 火이며 음과 양이 하나 되어서 생명을 잉태하는 과정이 土이며 만물이 성숙해서 거두는 과정이 金이며 만유를 지하로 갈무리하는 과정을 水라고 한다. 오행의 木火土金水는 글자그대로 풀이하는 자연의 나무를 비롯해서 불과 흙과 쇠와 물과는 하늘과 땅차이인 동시에 전혀 무관한 것이다.

3. 우주와 생명의 창조

　무극과 태극과 음양오행은 우주와 만유가 어떻게 창조되고 발생하며 운동하고 변화하는지를 생생하게 구체화하고 있다. 우주와 만유는 하루아침에 저절로 우연하게 창조되고 탄생된 것이 아니다. 처음에는 아무것도 없는 무의세계인 무극에서 비롯된다. 무극은 우주와 만유를 창조하는 태극을 탄생하고 태극은 우주와 만유의 어머니요 아버지로서 생명을 잉태하고 창조한다. 생명을 가진 만유는 아버지의 정자와 어머니의 난자에 의해서 잉태한다. 태아는 어머니 뱃속에서 갈무리 되어서 양수를 먹고 생명으로 부화된다. 그것은 만유를 지하로 갈무리하는 오행의 水와 같다. 水는 태양이 없는 캄캄한 밤이요 엄동설한이며 깊은 바다 속이다. 바다는 얼지 않는 동시에 많은 생명을 부화하고 양육한다. 그것은 어머니의 자궁과 똑같다. 인간을 비롯한 만유는 캄캄한 어머니 자궁에서 잉태하고 양수에 의해서 부화된다. 태아가 성숙하면 어머니의 자궁에서 머리를 쳐들고 밝은 이 세상에 태어난다. 지하에서 지상으로 고개를 쳐들고 나타나는 생명의 모습을 상징하는 오행을 木이라고 한다. 木은 만유를 발생시키는 생기요 운기이다. 지상에 생기인 木기가 발생하고 충만하면 만유가 발생한다. 木기는 동방과 봄에 집결되고 완성된다. 동방에서는 해가 떠오르고 봄철에는 만물이 소생(탄생) 한다.

　생기 또한 따뜻하다. 뜨거운 열기가 나타나면 만물이

성장하고 무성하다. 열기를 내뿜는 것은 火의 오행이다. 火기는 남방과 여름에 중천하고 왕성하다. 남방은 태양을 치솟게 하고 빛과 열을 극대화함으로써 열대지방을 형성하고 여름은 무더운 열기로써 만물을 무럭무럭 자라나게 하고 번창시킨다. 인간을 비롯해서 만물은 성년이 되면 음과 양이 사랑을 하고 짝을 이루어서 생명을 잉태하고 부화한다. 음과 양이 화합을 해서 한 쌍의 부부가 되고 생명을 잉태하고 부화하는 과정을 오행의 土라고 한다. 오행은 일정한 방위와 절기를 가지고 있다. 木은 동방과 봄에 속하고 火는 남방과 여름에 속하며 金은 서방과 가을에 속하고 水는 북방과 겨울에 속한다. 土는 일정한 방위와 절기가 없다. 土는 동서남북에 가득 차듯이 춘하추동을 가리지 않는다. 인간을 비롯한 만유는 土를 떠나서는 발생할 수도 존재할 수도 없듯이 土는 만유의 존재조건이다. 오행상 土는 火의 다음에 위치한다. 火는 여름의 절기이다. 여름은 만물이 성장해서 성년이 되는 과정이다. 늦여름인 소서(小暑: 음력6월)가 되면 더위가 극성하고 열기가 왕성하다. 오곡백과가 열매를 맺는 것이 바로 이 무렵이다. 음과 양이 열정적으로 사랑하고 생명을 잉태하는 늦여름은 土의 오행으로서 장하(長夏)라고 한다. 성장한 여름으로서 늦여름을 상징한다. 土의 절기에 탄생하는 열매는 무더운 열기에 의해서 알차고 풍성하게 여물어 간다. 성숙과 수렴을 촉진하는 운기는 金이다.

金기는 서방과 가을에 왕성하다. 서방의 金기는 태양을

거두고 가을의 숲기는 만물을 익히고 거둔다. 거두어들인 태양은 지하인 북방에 갈무리 하고 오곡백과로 저장고에 갈무리한다. 태양이 갈무리되면 캄캄한 밤이 되듯이 빛과 열기를 갈무리하는 겨울이며 차디찬 눈보라와 더불어 한기가 극성해서 땅이 얼고 살기가 가득하다. 벌레들이 기겁을 하고 땅속으로 숨어들듯이 만물은 지하에 갈무리된다. 봄이 되면 지상에는 다시 생기가 발생하고 가득하며 만물이 지상으로 앞을 다투어 나타난다. 무극에서 태극이 탄생하고 태극에서 음과 양인 조물주가 탄생하며 음과 양에서 태동하는 오행의 운기에 의해서 만물이 발생하고 성장하며 성숙해서 거두고 갈무리하는 것은 우주와 만유의 창조원리요 법칙이며 영원한 진리이다. 지금까지 우주와 만유의 창조자는 하느님과 신과 부처님으로 알려져 왔다. 인간을 비롯한 우주만유는 하나같이 하느님을 비롯해서 신과 부처님에 의해서 창조된 하느님의 조화요 신의 조화이며 부처님의 조화라는 것이다. 그렇지만 생명을 창조한 것은 음과 양인 물과 태양이며 음양이 공존할 수 있는 土이다. 물이 없는 사막의 땅에는 생명이 발생할 수 없듯이 태양이 무기력한 한 냉한 땅에는 생명이 부화될 수 없다. 하느님을 비롯한 신과 대자 대비한 부처님은 이세상의 어디에나 존재한다. 만일 하느님과 신과 부처님이 창조자라면 생명은 어디에서나 고루 탄생하고 존재할 수 있다. 과연 생명은 우주의 어디에서나 탄생할 수 있는가?

 우주에서 음과 양이 공존하는 것은 지구뿐이다. 지구 이외에는 물이 없듯이 음과 양이 없고 생명이 존재하지 않는다. 지구라고 해서 물과 태양이 구로 있는 것은 아니다. 사막에는 물이 없듯이 남극과 북극과 겨울에는 태양이 무기력하다. 양은 있어도 음이 없는 사막에는 생명이 발생할 수 없듯이 음은 있어도 양이 없는 겨울과 남북극에는 생명이 부화될 수 없다. 창조자는 전지전능한 하느님이나 신이나 부처님이 아니고 우주와 만유의 어머니요 아버지인 음과 양이요 물과 태양이다.

4. 상생(相生)의 원리

음과 양이 한 쌍의 부부가 되어서 사랑하고 의지하며 상부상조하고 공존하는 것을 상생이라고 한다. 음은 아내요 양은 남편이며 음은 육신이요 양은 정신이다.
아내와 남편은 서로 사랑하고 의지하며 상부상조하고 공존한다. 아내 없는 남편은 있을 수 없듯이 남편 없는 아내역시 있을 수 없다. 육신은 정신을 얻어야 의식할 수 있고 정신은 육신을 얻어야만 감각할 수 있다. 정신이 이상이면 아무 것도 의식할 수 없는 산송장이듯이 육신이 병들고 마비되면 시각을 비롯해서 청각과 미각 등 모든 감각이 불가능해서 산송장과 다를 바 없다.
 육신과 정신은 불가분의 하나로서 서로 의지하고 공존한다. 그것은 전기의 양전자 음전자와 같다. 전기는 음전자와 양전자에 의해서 에너지를 발생하고 불을 발생한다. 음전자를 잃으면 전기는 단절되듯이 양전자를 잃으면 전기는 소멸된다. 음전자는 양전자에 의해서 전기를 발생하듯이 양전자는 음전자를 얻어야만 전기를 발생할 수 있다. 이를 음생 양 양생 음이라고 한다. 여자는 남편을 만나야만 아내가 될 수가 있고 남자는 아내를 얻어야만 남편이 될 수 있는 것과 같다. 음은 양을 생하고 양은 음을 생하는 동시에 음은 양에 의지하고 양은 음에 의지하며 음을 잃으며 양을 존재할 수 없듯이 양을 잃으면 음은 존재할 수 없다. 하나가 되면 음 생명이 발생하고 존재할 수 있는데 반해서 갈라서면 생명을 잃고 다 같이 멸망하는 것이 음과 양의 상생 원리이다.

  오행 중 金과 水는 음이고 木과 火는 양이다. 음은 안으로 뭉치고 거두며 갈무리하는데 반해서 양은 밖으로 나타나고 발상하며 확대된다. 木은 지상에 태양이 나타나고 빛과 열이 왕성해서 우주에 확대되고 만유를 성장시킨다. 안에서 밖으로 분출하고 확산하며 에너지를 방출하고 극대화하는 것이 양의 생리요 본질이다. 金은 태양을 땅으로 거두고 오곡백과 등 만물을 거두어들이는 수렴을 능사하고 水는 거둬들인 태양을 지하로 갈무리하고 오곡백과를 저장고로 갈무리하는 저장을 능사로 한다. 대기 속에 가득 찬 빛과 열을 안으로 거두고 지하로 갈무리하는 발산하고 만물을 탄생시키는 것은 안으로 거두고 지하로 갈무리하는 것은 밖에 있는것을 안으로 끌어들이고 챙기는 작용인데 반해서 아무것도 없는 지상에 빛과 열을 발산하고 만물을 탄생시키는 것은 안에 뭉쳐있는 것을 밖으로 끌어내고 방출하는 작용이다. 태양은 양에 의해서 떠오르고 음에 의해서 거두어지듯이 만물 또한 양에 의해서 발생하고 성장하며 음에 의해서 거두고 갈무리된다. 같은 음이지만 金은 어린 음이고 水는 성숙한 음이다. 음은 여성이다. 金은 자라나는 소녀이고 처녀이며 水는 성숙한 성녀(成女)이고 노처녀이다. 양 또한 木은 어린양이고 火는 성숙한 양이다. 양은 남성이다. 木은 자라나는 소년이고 총각이며 火는 성숙한 성남(成南)이고 노총각이다 처녀는 총각과 짝을 이루는 것이 천생연분이듯이 노총각은 노처녀와 화합하는 것이 천생연분이다. 처녀와 총각은 金과 木이요 노처녀와 노총각은 水와 火이다. 金과 木이 한 쌍의 부부가 되어서 사랑하고 의지하며 공존하는 것이 상생이듯이 水와 火가 하나 되어서 사랑하고 의지하며 동고동락하는 것이 상생이다. 이는 음생 양 양생 음하는 것이다. 金生木 水生火하고 木生金 火生水하는 것이 상생의 진리이다. 인간은 늙은이가 소녀를 탐하고 짝을 이루며 중년의 과부가 총각을 탐하고 즐기는 것이 허다한데 반해서 오행의 음과 양은 윤리와 도덕이 철저하다. 처녀인 金은 총각인 木과는 천생연분으로서 부부가 될 수 있지만 노총각인 火와는 부부가 될 수 없듯이 총각인 木은 처녀인 金과는 하늘이 내린 연분으로서 부부가 되고 상생할 수 있다.

그러나 노처녀인 水와는 부부가 될 수가 없다. 노처녀인 水 또한 노총각인 火역시 노처녀인 水와는 천생배필로서 부부가 될 수 있지만 처녀인 金과는 인연이 없는지라 부부가 될 수 없다. 처녀와 총각은 소음(少陰) 소양(少陽)으로서 천생배필이듯이 노처녀 노총각은 장음(壯陰) 장양(壯陽)으로서 천생연분이다. 처녀 총각이 결혼하며 아내와 남편이라는 한 쌍의 부부가 되는데 반해서 갈라서면 과부와 홀아비가 된다. 과부는 처녀가 아니듯이 아내도 아니며 홀아비 또한 총각이 아니며 남편도 아니다. 상생은 음과 양을 하나로 만들어서 부부로 탄생하듯이 정신과 육신을 하나로 만들어서 인간을 탄생시키고 양전자와 음전자를 하나로 만들어서 전기와 빛을 발생한다. 인간을 비롯한 만유는 하나같이 음과 양의 소생이듯이 음과 양의 상생에 의해서 생명을 유지하고 활동을 하며 존재할 수 있다. 상생은 생명을 비롯한 우주 만유가 발생하고 존재하며 운동하고 변화하는 법칙이다. 음과 양을 떠나서는 아무것도 발생할 수 없듯이 상생을 떠나서는 아무것도 존재할 수 없다. 글자대로 풀이하면 상생은 서로 생하는 것이지만 오행상의 상생은 음과 양의 하나가 되어서 서로 사랑하고 의지하며 생활하고 공존하는 것이다. 음은 양에 의존하고 같이 살며 양은 음에 의지하고 같이 사는 것이 상생이다. 음과 양은 혼자서는 발생할 수도 존재할 수도 없다. 음이 있는 곳에는 반드시 양이 있듯이 양이 있는 곳에는 음이 있다. 음은 양에 의해서 발생하고 존재하듯이 양은 음에 의해서 발생하고 존재한다. 음과 양이 갈라서면 모든 것은 끝장이고 사라진다. 정신과 육신이 갈라서면 인간은 숨을 거두는 동시에 송장이 되고 영원히 사라진다.

5. 상극(相剋)의 원리

　천생연분이요 배필로서 짝을 짓고 함께 사는 것이 상생인데 반해서 짝이 될 수 없듯이 같이 살 수 없는 남과 남의 관계인 동시에 경재자로서 대립하고 반목하며 시기질투 하는 적대 관계를 상극이라고 한다. 음과 양은 아내와 남편이고 육신과 정신이며 양전자와 음전자로서 서로 사랑하고 의지하며 생과 사를 같이하는 한쌍의 부부요 불가분의 공동체인데 반해서 음과 음, 양과 양은 여성과 여성, 남성과 남성, 정신과 정신, 육신과 육신, 양전자의 관계로서 사랑할 수도 의지할 수도 없는 남과 남이요 적대적인 경재자로서 무정하고 대립하며 미워하고 반목하며 시기질투하고 중상모략하며 강자가 약자를 지배하고 빼앗는 약육강식을 능사로 한다. 오행상의 金과 水는 음이요 木과 火는 양이다. 金과 木은 처녀총각으로서 천생배필이듯이 水와 火는 노처녀요 노총각으로서 천생연분인데 반해서 金과 水는 처녀와 노처녀로서 사랑하거나 짝이 될 수 없는 남과 남으로서 남성이 나타나면 서로 경쟁하고 대립하며 배척하고 반목하며 시기질투하고 다투며 적대시한다.

　남성을 차지하기 위해서는 인정사정이 없고 수단방법을 가리지 않으며 사생결단도 서슴지 않는다. 木과 火는 총각과 노총각으로서 짝이 될 수 없는 만큼 사랑하거나 같이 살 수가 없는 남과 남이다. 만일 여성이 나타나면 어떻게 될까? 서로 차지하기위해서 눈을 부릅뜨고 힘겨

루기를 할 것이다. 불구대천의 원수요 적수로서 한 치의 양보도 없이 치열한 경쟁을 하고 대립과 반목이 극대화해서 살기가 등등하고 무자비한 투쟁을 서슴지 않으며 강자는 이기고 약자는 패하며 이긴 자는 여성을 차지하고 패한 자는 처참하게 도태될 것이다. 金과 水는 음과 음 여성과 여성, 음전자와 음전자, 육신과 육신의 관계로서 서로 적대하고 경쟁하며 미워하고 반목하는 상극관계이다. 서로 사랑하고 의지하며 도와주고 공존하는 것이 상생인데 반해서 서로 미워하고 반목하며 경쟁하고 배척하는 불구대천의 적대관계가 상극이다. 상생은 천생연분인데 반해서 상극은 평생 적수이며 상생은 유정한데 반해서 상극은 무정하다. 상생은 한 쌍의 부부인데 반해서 상극은 남과 남이고 상생은 상부상조하고 공존하는데 반해서 상극은 대립 반목하고 약육강식한다. 상생은 자유와 평등과 평화를 가져오는데 반해서 상극은 강제와 불평등과 피비린내의 전쟁을 가져온다. 상생은 뜨거운 사랑과 정이 넘치고 가득한데 반해서 상극은 잔인한 살기와 증오와 분노로 가득 차 있다.

상생은 윤리와 도덕을 비롯하여 자유와 평화가 으뜸인데 반해서 상극은 죽이고 빼앗는 힘에 의한 정복과 약탈과 살육이 으뜸이요 만능이다. 강자는 이기고 약자는 패하며 이긴 자는 뺏고 패한 자는 빼앗기고 빼앗은 자는 살고 빼앗긴 자는 죽는다. 사람 인(人)자는 하늘과 땅, 양과 음을 상징한다. 음과 양은 상생하듯이 인간은 처음부터 상생하고 공존한다. 힘이 부모와 어른이 힘이 약한 자식과 어린이를 사랑하고 부양하며 보호한다. 부모와 어른이 늙고 병들면 자라난 자식과 어린이가 부모와 어른을 섬기고 공경하며 보살핀다. 힘이 강한 남성은 힘이 약한 여성을 보호하고 부양하며 보살핀다. 인간을 지배하는 것은 힘이 아니고 윤리와 도덕이다. 윤리와 도덕을 어기고 유리한 행위는 용납되지 않고 추상같은 형벌을 받아야한다. 인간의 역사는 수십만 년 내지 수백만 년 또는 수 천년만년 내지 수억 년이라고 한다. 인간이 인간을 지배하고 무력과 권력으로써 약육강식하는 나라가 발생한 것은 겨우 수천 년이다. 나라가 발생하기 전에는 인간은 나라사람이 아닌 지구인이요 지구의 왕자로서 자유하고 평등하며 평화롭게 살아왔다. 그것은 오늘의 원시인 사회에서 분명히 나타나고 있다. 그들은 계급과 불평등과 지배와 강제와 약육강식을 능사는 왕이요 절대자로서 약자를 죽이고 잡아먹는 약육강식을 능사로 한다. 짐승은 태어나면서 경쟁하고 싸우며 먹고 먹히는 상극의 법칙에 의해서 강자는 살고 약자는 도태된다.

그것은 짐승이란 수(獸)의 글자에서 생생하게 느낄 수 있다. 사람 인(人)자는 음과 양이 하나가 된 한 쌍의 부부를 상징하는 상생을 의미하는데 반해서 짐승 수(獸)자는 입구-구(口)자가 일곱이고 개견(犬)자와 짝을 이루고 있다. 입구(口)자는 먹는 입을 상징한다. 닥치는 대로 잡아먹고 또 먹는 입을 상징한다. 닥치는 대로 잡아먹고 또 먹히는 무자비한 입과 이빨로써 살육과 살생과 약탈을 능사로 하는 개 같은 짐승이란 뜻이다. 그 짐승이

상극의 장본인이요 표본임은 말할 위도 없다. 인간은 수십만 내지 수백만 년 동안 음과 양이 상생하는 사랑과 빵이 풍요한 세계에서 강자는 약자를 보호하고 부양하며 젊은이는 노약자를 섬기고 공경하는 윤리와 도덕에 의해서 자자손손 자유하고 평등하며 평화롭게 살아왔다.

6. 구체적으로 분석해본 음양오행

음양오행이란 우주 만물의 생장과 소멸의 기초가 되는 사물의 현상을 표현하는 기호이다.
음양오행을 구체적으로 구분하자면 하늘은 양이고 땅은 음이며 해는 양이고 달은 음이며 남자는 양이고 여자는 음으로 보며 세상물체 모두는 음양으로 구분 할 수 있는데 간 지, 좌 우, 상 하, 생 사, 청 탁, 전 후, 시 종, 실 허, 조 습, 온 냉, 명 암, 다 소, 동 정, 외 내, 대 소, 등으로 수분할 수 있다. <아래 표를 참조하면 이해가 빠르다.>

<음양의 구분>

| 양 | 天 日 男 干 左 上 生 淸 前 始 實 燥 溫 明 多 動 外 大 |
| 음 | 地 月 女 支 右 下 死 濁 後 從 虛 濕 冷 暗 少 靜 內 小 |

2. 오 행

오행이란? 만물을 형성하는 원기(元氣)를 이르는 부호로써 木.火.土.金.水.를 오행이라고 한다. 오행이란 상생 상극관계로 생성 소멸의 작용과 변화를 통해 우주 만물의 현상과 인간의 운명 까지도 음양오행의 조화로 알게 된다.

3. 오행의 속성(오행의 변화와 지혜)

오행을 알기 쉽게 물질로 표현하여 설명 한 것이 목 화 토 금 수 인 것이다.

木은 나무요 (木星) **火**는 불이요 (火星) **土**는 흙이요 (土星)
金은 쇠이니 (金星) **水**는 물이니 (水星) 이라고 한다.
위 와같이 간단히 설명 한 것이 음양오행의 근본 이치이지만 음양의 속성이 오묘하므로 지금부터 음양오행에 대하여 자세히 설명하도록 하겠다.

음 양 분 석 표

陽 陰 양 음	양 음	양 음	양 음	양 음	양 음 양 음
天-하늘 地-땅	上 下	東 西	南 北	正 反	有形 無形, 有情 無情
高-높고 低-낮고	重 輕	暑 寒	燥 濕	純 雜	午前 午後, 未來 過去
前-앞 後-뒤	左 右	父 母	夫 婦	男 女	富貴 貧賤, 收入 支出
外-밖 內-안	表 裏	深 淺	自 他	主 客	自由 拘束, 民主 共産
晝-낮. 夜-밤	明 暗	春 秋	夏 冬	暖 冷	精子 卵子, 天干 地支
長-길고 短-짧고	遠 近	生 剋	制 和	盛 滅	順行 逆行, 順應 征服
强-세다 弱-약함	旺 衰	吉 凶	善 惡	喜 忌	露出 秘密, 前進 後退
生-나고 死-죽음	始 終	多 少	實 虛	大 小	大將 卒兵, 太過 不及
動-동 靜-정	淸 濁	勝 敗	集 散	得 失	精神 肉體, 少陰 少陽

<3> 음양의 법칙 (陰陽의 法則)

1. 陰과 陽 = 相對의 法則
   음   양   상대   법칙

　음과 양은 본래 하나의 기운에서 분열의 법칙에 따라 파생된 것이나 이것이 곧 상대성으로 작용되고 있어 음과 양하면 별개의 것으로 생각하기 쉽지만 사실은 서로가 별개 이면서도 공존하고 있으므로 음이 있기에 양이 있고 양이 있기에 음이 존재하고 아울러 하나의 개체에는 안과, 밖, 위와, 아래, 앞과, 뒤, 가있게 된다. 이것을 쉽게 우리 인간사에 비유해 보면 여자가 있기에 남자가 있고 남자가 있으므로 여자가 존재하면서도 남녀는 서로가 필요 하여 부부로서의 인연을 맺어 공생하게 된다. 그런가하면 적은 것이 있기에 큰 것이 있고, 큰 것이 있기에 적은 것을 알게 되었으며 부자가 있기에 가난한자가 존재하고 가난한자가 있기에 부자가 있는 것은 사실이나 실지로 따지고 보면 대소 빈부는 서로가 공존하면서 때로는 음은 양을 양은 음을 바탕으로 시작도하고 만들기도 하고 그런가 하면 성장도 하고 소멸도 하고 있기에 음인가하면 양이요 양인가하면 음이므로 항시 상대적인 것이 가장 이상적인 배합이 되는 것이다. 그러므로 최대의 적은 귀중한 은인이 될 수 있고 반대로 좋은 인연이 언젠가는 적이 될 수도 있으니 적과 은인은 공존하고 있는 것이다.

또 마음속의 선과 악도 공존하게 되며 시작과 끝도 순리와 역리도 항상 공존 하고 있으므로 우리는 사물을 볼 때 항상 일방적인 편견으로 보지 말고 음양의 이치를 잘 활용 해 야 한다.

다음으로 중요한 것은 음과 양은 상대가 되는 것으로 양이 하늘 이라면 음은 땅이 되고 양이 정신이라면 음은 육체나 물질이요. 양이 아버지라면 음은 어머니가 되고 양이 남자라면 음은 여자가 되며 양이 낮이라면 음은 밤이 되며 양이 형이상학이라면 음은 형이하학이고 양이 양전자라면 음은 음전자가 되며 陽이 春夏라면 陰은 秋冬이요. 양이 앞이라면 음은 뒤가 되고 양은 上이요 .음은 下이며 정자가 양이라면 난자는 음이고 正이 양이라면 反은 음이 되듯이 서로가 반대되고 있으니 반대말을 생각 하면 음양공부는 자연스럽게 이해 할 수 있게 된다.

2. 陰中陽 陽中陰 = 共存의 法則
   음중양 양중음   공존   법칙

　　음중 양 양중 음 이라는 함은 음속에는 양이 있고 양속에도 음이 존재 한다는 말이다. 우리가 자연의 이치를 생각해 보면 이해하기 쉽게 되는데 여름철은 무더운데 반해 내적으로는 음습함이 내재 되어있고 겨울철은 추운데 내적으로는 건조한 기운이 지배하고 있으므로 이것이 바로 양중 음이요. 음중 양이라는 것이며 음양은 항시 공존하고 있음을 말해주고 있는 것이다. 이와 같이 자연도 이러할 진데 하물며 우리의 인간사와 무관 하겠는가, 다시 한번생각해 보도록 하자. 우리인간사와 밀접한 관계가 있는 만남을 주제로 생각해 본다면 만남 속에는 반드시 헤어짐이 있게 마련이고 헤어진다는 것은 곧 만남의 약속일 것이고 밝음 속에는 어두움이 있고 어두움 속에는 밝음이 있으며 예쁘다함은 곧 미웁다 는 것이고 길함 속에 분명히 흉이 도사리고 있고 흉중에 길이 있으며 복중에 화가 있고 화중에 분명코 복이 있음이니 우리 인간사는 희로애락이 항시 수반하고 있어 즐거워야 할 일에 때로는 눈물이 앞서고 늦었다고 생각할 때가 가장 빠르다는 의미로 음양이 공존하면서 양중에는 음이 있고 음중에는 양이 있기에 양은 다시 음과 양으로 분열 하는 것이다.

3. 外陰內陽 外陽內陰 = 공존속의 상대법칙
   외음내양   외양내음

외음내양 이라 함은 겉은 음이라도 속으로는 양이 되고
외양내음 은 겉으로는 양이지만 속으로는 음이 된다.

오행의 속성

木 계절은 봄이고 색은 청색이며 방향은 동쪽이다.
   목의 성질은(仁)어질다. 인자하고 시작을 의미하고
   곧게 뻗어 올라가는 성질이 있다.
   木을 인체에 담아 본다면 간 담(간,쓸개) 맛은 신맛.

火 계절은 여름이고 색은 적색이며 방향은 남쪽이다.
   화의 성질은 예(禮)로 예의 바르다. 명랑하고 조급하
   며 불같은 성격이 있다. 인체로는 심소(심장과,소장)
   맛은 쓴 맛.

土 계절은 사계절 색은 황색 방향은 간방(間方)이다. 토
   의 성질은 신(信)으로 신용을 중요시 한다.
   토는 인체로 말하면 비위(비장 지라 위장 밥통)맛은 단
   맛이다.

金 계절로는 가을이요 색은 백색이며 방향은 서쪽이다.
   금의 성질은 의(義)로 의리를 중요시하고 결단성 있
   다. 인체로는 폐, 대, (폐 허파 대장)며 맛은 매운 맛.

水 계절로는 겨울이지(智)로 지혜와 슬기롭다. 원만하다.
   인체로는 신 방(신장 방광)이며 맛은 짠 맛이다.

오행은 상생도 하고 상극도 하며 또한 최종목표는 중화와 공존이다. 남는 것은 덜어 내고 모자라는 것은 보태 주고 상호 상생 상극을 통해서 서로간의 균형을 이루어야 한다. 상생(相生)이란? 서로가 생하여 돕는다. 낳는다. 주다. 나간다.

오행 상생(五行 相生)

木生火   나무는 타서 불이 되니
          나무가 불을 생하는 것이다.
火生土   불은 태워서 재를 만들어 흙이 되니
          불이 흙을 생산한다,
土生金   흙은 금을 생산(흙속에서 금이 난다)
          흙은 금을 생하는 것
金生水   금은(쇠바위) 바위 속에서 물이 솟아나니
          바위가 물을 생한다.
水生木   물로써 나무를 양육하니 물이
          나무를 생하는 것이다.

오행 상극(五行 相剋)은 서로가 극한다.

〈이긴다. 제압한다. 다스린다.〉

木剋土   나무는 땅에 뿌리를 내리니
          흙을 극하는 것이다.
土剋水   흙으로 물길을 막으니
          물을 극하는 것이다.
水剋火   물로 불을 끄게 되니 물이
          불을 하는 것이다.
火剋金   불로 쇠를 녹인다.
          쇠를 극하는 것이다.
金剋木   쇠로 나무를 다듬으니
          나무를 극하는 것이다.

오행은 상생 상극만 하는 것이 아니라 반극(反剋)도 있다. 생의 관계가 되더라도 알맞아야 도움이 되며 오히려 지나치면 화가 되어 해가 되고 독이 되기도 한다.

생(生)도 지나치면 독이 된다.

목다화식 (木多火息)　　목이 너무 많으면 불이 꺼져 버린다.
화다토조 (火多土燥)　　화가 너무 강하면 흙이 메말라진다.
토다금매 (土多金埋)　　흙이 너무 많으면 금이 파묻혀 버린다.
금다수탁 (金多水濁)　　쇠가 너무 많으면 물이 탁해진다.
수다목부 (水多木浮)　　수가 너무 많으면 나무가 떠내려간다.

극이 안 되는 경우

목강금결 (木强金缺)　　목이 강하고 금이 힘이 없으면
　　　　　　　　　　　　쇠의 날이 이즈러져서 이가 빠지거나 부러진다.

화다수갈 (火多水渴)　　화의 열기가 강하고 수의 힘이 적으면
　　　　　　　　　　　　 고갈되고 불을 부추긴다.

토다목절 (土多木折)　　흙이 많으면 나무의 뿌리를 내리지 못하고
　　　　　　　　　　　　 오히려 흙속에 묻혀 버린다.

금다화식 (金多火息)　　금이 많고 힘이 세면 화의 열기가 식어
　　　　　　　　　　　　 쇠를 녹이지 못하고 오히려 꺼져 버린다.

수다토붕 (水多土崩)　　수의 힘이 세고 토의 힘이 약하면
　　　　　　　　　　　　 흙이 물에 쏠려 떠내려간다.

4. 四柱 八字

　四柱란 생년 월 일 시의 네 기둥을 四柱라고 한다.
사주란 사람의 根, 苗, 花, 實, 을 말 할 수 있는 근본으로 자연의 현상에 비유한 인간을 과거 현재 미래로 판별하는 학문이다.
　四柱八字는 네 기둥에 천간지지 여덟 글자란 뜻으로 보는 법은 자기 자신을 日干에 비유하고 年은 조상 궁이요, 월은 부모(형제)궁이 되며, 시는 자녀 궁이고, 日支는 배우자 궁으로 감정하며 현재의 자기의 위치를 환경에 비추어 보는 방법이다.

사주의 네 기둥 (음력을 기준 한다.)

첫 번째가 연주인데 年柱는 태어난 년을 찾으면 된다.
(만세력 참조)

1. 年柱 세우는 법

<1>연주(年柱)는 입춘을 기준으로 한다.
　　　　　　　　　　　　(1월1일을 기준하지 않음)
　입춘날에 출생한 자는 입춘 절입 시각을 기준으로 결정한다. 입춘전이면 구년을 쓰고 입춘 시각 후면 신년을 사용한다. 매년 입춘은 양력 2월 4일-5일경 전후로 약간의 차이가 있다. <만세력 참고하라>

<예>① 정상 1974年 1月 14日 午時 生이라면
    甲寅 년 丙寅 월 丁丑 일 丙午 시
② 비정상 1974年 1月 12日 巳時 生이라면
    癸丑 년 乙丑 월 乙亥 일 辛巳 시

2. 月柱 세우는 법

월의 간지는 만세력을 보고 절입 일을 가려서 정한다.
시각 까지도 세심히 가려서 정해야 확실하다.
특히 주의 할 점은 년 주의 간지를 세울 때도 입춘을 기준으로 하듯이 월주를 정할 때도 節 入의 시기를 표준으로 한다.
예. 1979년 12월 21일에 출생한자는 입춘을 넘어서 출생하였기 때문에 생월의 간지는 12월의 월건은 丁丑인데 정축을 쓰지 않고 다음해인 1월 월건인 戊寅을 쓰게 된다. 참고 할 것은 어느 해가 되어도 변함없다는 사실을 알아야 한다.

< 매월 절 입 <每月 節 入>

1월 입춘	7월 입추
2월 경칩	8월 백로
3월 청명	9월 한로
4월 입하	10월 입동
5월 망종	11월 대설
6월 소서	12월 소서

매월의 절기가 들어오는 시기를 절 입이라고 하는데 절기는 들어오는 시각이 분명하므로 사주 기록 시 유의해야 한다. 절기의 구체적인 설명은 뒷장 절기편에서 자세히 설명할 것이다.

3. 日柱 세우는 법

일주는 만세력에 의존한다.
당사자가 출생한 날의 일진이 그 사람의 日 柱가 된다.
<예> 1980년 4월 20일 생이라면 日 柱는 丙 午 가 된다. 참고 할 것은 일주세울 때는 대운수를 별도로 정하는 방법도 있지만 매우 복잡하니 만세력 일주 우측에 대운수가 남녀 표기 되어 있으니 찾아 기록해 놓으면 매우 편리하다

4. 時柱 세우는 법

시의 간지는 출생일의 간지와 같이 時 支는 항상 일정하고 시간은 日干에 의하여 결정 된다.
時柱는 만세력 뒤 장의 시간 조견표를 참조하면 편리 하나 시간 산출법이 간단하게 되어있으니 시간 산출 법을 익혀 쓰면 편리하다.
주의 할 점은 子시인데 子시는 夜子時와 朝子時로 잘 구분해야 정확히 사주를 간명 할 수 있다.
<예> 1980년 4월 20일 23시 40분에 출생한 자라면 야자시가 분명한데 야자시를 넘어서면 丙午일이 아니고 21일 丁未 일이 된다. 丁未日 조자시로 봐야 한다.
정시법<과거에는 정시법을 써왔으나 현재는 30분 단위로 쓴다.>

子시	23시 30분부터 명일	1시 30분까지
丑시	오전 1시 30분부터	3시 30분까지
寅시	3시 30분부터	5시 30분까지
卯시	5시 30분부터	7시 30분까지
辰시	7시 30분부터	9시 30분까지
巳시	9시 30분부터	11시 30분까지
午시	11시 30분부터	13시 30분까지
未시	13시 30분부터	15시 30분까지
申시	15시 30분부터	17시 30분까지
酉시	17시 30분부터	19시 30분까지
戌시	19시 30분부터	21시 30분까지
亥시	21시 30분부터	23시 30분까지

夜子時와 朝子時(조자시는 明子시라고도 한다)

야자시는 밤 11시 30분부터 밤 12시 30분까지의 시간을 말하는데 조자시는 0시 30분부터 1시 30분까지의 시간을 말한다.

시간산출법(天干合을 배운 후 다시 짚어 보겠다)

당사자 일간을 合한 후 化한 오행을 극하는 오행을 수장도 子에 놓고 태어난 시까지 짚어 가면 된다.

<예>日柱 丁未 生이 戌時에 태어났다면 丁壬合木이니 木을 극하는 오행인 庚金을 子에 놓고 戌時까지 돌리면 庚戌이 됨으로 時柱는 庚戌이 된다.

주의 할 점은 썸머타임 실시기간에 태어난 사람은 태어난 시각에서 한 시간을 빼야 정확한 표준시가 된다.
<만세력 참조>

<참고> 출생 시를 정확히 모를 때 시를
아는 법

<1> 부모선
망(父母先亡)에 따라 아는 법
 父先亡者는 子 寅 辰 午 申 戌시
 母先亡者는 丑 卯 巳 未 酉 亥시

<2> 가마 위치에 따라 아는 법
 子午卯酉생은 가마가 중심에 바르게
 寅申巳亥생은 가마가 한쪽 옆으로
 辰戌丑未生은 가마가 두 개로 쌍가마

<3> 잠자는 버릇으로 아는 법
 子午卯酉생은 반듯이 누워서 잔다.
 寅申巳亥생은 옆으로 누워서 잔다.
 辰戌丑未생은 엎드려 자거나 잔다.
  수그리고 자기도 한다.

四柱八字 기록 법

사주를 접하고 제일 먼저 기록해야 할 것은 생년월일시를 정확히 기록한 다음 남녀를 구분해 남자라면 **乾命**이라고 쓰고 女子는 **坤命**이라고 구분 표시 해야 한다.

1. 다음 당해 연도 만세력을 펴고 年柱를 기록한다.

2. 월주는 당월 월건을 기록 하면 되는데 잘 살펴서 기록해야 한다.
절기가 지난 후에 태어났다면 당월 월건을 쓰고 절기 입전에 태어났다면 전월 월건을 기록 한다.

3. 일주는 태어 난 날의 일진을 기록 한다.
일주를 기록한 다음 잊지 말고 대운 숫자를 꼭 기재 할 것

4. 시주 세우는 것은 시간 조견표를 보면 편리하다.
그러나 처음에는 시간 조견표를 보고 참고 하더라도 다음에 좀 익숙해지면 시간 산출 법으로 익혀야한다.

1946년11월6일戌시(양11/29)				
乾命	丙戌	己亥	丁未	庚戌
수	3	13	23	33	43	53	63
대운	庚子	辛丑	壬寅	癸卯	甲辰	乙巳	丙午

5.자신의 사주를 기록해 보십시오.

　　　　본인의 사주　　　　　　아내의 사주

년 월 일 시(양 /) 시생				
乾命				
수				
대운				

년 월 일 시(양 /) 시생				
坤命				
수				
대운				

<사주 8자 기록은 현대감각에 맞게 좌에서 우로 기록하는 것이 편리하다>.

대운 정하는 법

　대운이란 春夏秋冬 계절이 바뀌듯이 인생의 행로 또한 주기가 10년씩 머물다 바뀌게 된다.
10년 大運을 天干 지지(地支) 5년씩 10년으로 하는 방법도 사용하고 또한 10년 동안 간지의 영향이 그대로 유지 된다는 학설도 있으니 참고 바란다.

1.대운은 우선 남녀를 구분해야하고 生年의 간지에 의하여 구분 하게 되는데 男子는 陽이요 女子는 陰으로 구분한다.

陽男 陰女는 順行 하고 (순행이란 甲 乙 丙 丁으로 나감)
陰男 陽女는 逆行 한다. (역행이란 癸 壬 辛 庚 己 戊로 나감)

<2> 대운은 月柱를 기준으로 정하여 시작한다.
순행은 월주 다음자 오행부터 바로 시작하여 나간다.
역행은 월주 앞자 오행부터 시작 역(거꾸로)으로 나간다.

<3> 대운 수정하는 법
대운 수정하는 법은 있으나 아주 복잡함으로 지금 이 복잡한 대운 수 계산법에 시간을 투자 하느니 우선 만세력 일주 옆에 있는 대운수를 참고 하면 편리하다.

根 苗 花 實에 대한 이해

1. 年柱(根) 년주를 뿌리라 하여 태어나서 15세 이전의 성장기를 살피게 되는데 년월의 상생상극 또는 吉凶星에 의하여 행불행을 추리한다.
그럼으로 년주를 根이라 한다.

2. 月柱(苗) 월주를 묘라 하여 15세 이후 30세 까지를 살피게 되는데 月干은 아버지 月支는 어머니로 본다.
월주가 희용신이고 生旺하면 부모형제가 발전하고 30세 청년기가 행복하게 된다.
月柱가 상극 형충파가 되면 부모형제 덕이 적고 30세 청년기가 불운의 시기라고 판단한다.

3. 日柱(花) 일주를 꽃이라 하여 자신을 나타내며 사주팔자를 추리할 때 기준이 되기도 한다.
일간은 자신이 되고 일지는 배우자가 된다.
일주는 자신의 가정생활과 부부관계와 30세 이후 45세까지의 운을 살피게 되는데 일주가 희용신이면 세상살이가 순풍에 돛단배가 되지만 상극 상충 형충파해가 되고 기신에 임하면 부부관계도 원만치 못하고 생활이 고단하다.

4. 時柱(實) 시주는 열매라 하여 말년을 보게 되고 자손관계를 알아본다. 시주와 일주가 상생 조화를 잘 이루고 天干合地支合하면 일명 天地덕合이라 하여 복과 귀함이 함께하고 자손이 번성하고 말년이 부귀하게 된다.

天地德合 이란 무엇인가?
日柱와 時柱가 相生 조화를 잘 이루고 天干合地支合되면 이름하여 天地德合이라 하는데 이런 경우 남자는 현모양처를 얻게 되고 자손이 현달하게 되며 복록이 일생동안 끝이지 않는다고 한다.
본인뿐 아니라 배우자와 자손이 함께 부귀하고 대성하게 된다.

四柱 총평
年은 조상님들의 성쇠를 살펴 조상의 음덕을 추명 한다.
月은 부모 형제들과의 음덕 유무를 살핀다.

日은 본인 및 배우자 인연을 살피고 가정 관계를 살핀다.
時는 자손과 말년을 살피게 된다.

<참고사항> 우리가 사주를 감정하다 당신은 時를 잘 타고 났다는 말을 자주 쓰게 되는데 이 말은 인생의 복이 시에 있기 때문에 하는 말이다.

年이 상하면 조상에 불리하고
月이 상하면 부모형제에 불리하고 초년고생이 있다.
日이 상하면 본인과 처가 불목하고 중년 복이 없으며
時가 상하면 자손에 해로우며 결과가 없어 말년이 고독하다.
사주팔자에 형.충.파.해와 공망. 사절이 없고 복신의 도움이 있으면 좋은 팔자이다.

제 2장 제합(諸合) 및 제살(諸殺)

합 충 형 파 해 (合沖刑破害)

<1> 천간과 지지의 변화 (天干과 地支의 변화)

천간과 지지는 서로 만나면서 합(合)도 하고 충(沖)도 하는 등 많은 변화를 나타내는데 오행의 만남과 합 충 등 변화와 조화로 길흉(吉凶) 화복(禍福)의 작용을 하는 것이다.

천간의 합과 충은 속성속패로 빠르게 변화를 나타내지만 지지의 합 충 형 파 해는 정적이면서 서서히 느리면서도 집요하게 그 작용을 나타내므로 이러한 변화의 기운을 자세히 관찰하여 파악 해야만 길흉화복을 정확히 간명 할 수 있다.

1. 천간의합 (干合)

10천간이 6번째 오행과 만나 합이 되므로 일명 육합(六合)이라고도 한다. 간 합은 음과 양이 만나 합이 되기 때문에 애정지합 이라고 한다.
십간이 합하면 오행이 달라진다. 甲己가 합하면 土가 되듯이 乙庚이 합하면 金이 되고 丙辛은 水요 丁壬은 木이며 戊癸가 합하면 火가된다. 이를 화오행(化五行)이라한다.

甲己 合土	중정지합(中正之合) 치우치지 않는 성격의 소유자 중심적이고 당당하여 자비와 이해심이 있다.
乙庚 合金	인의지합(仁義之合) 인정과 의협심 강하여 의리가 있고 결단력이 있다.
丙辛 合水	위엄지합(威儼之合) 냉혹하고 편협 되어 인정이 없고 색을 좋아한다.
丁壬 合木	인수지합(仁壽之合) 성격이 민감하고 맑아 자기도취에 빠지기 쉽고 주색을 좋아하기 때문에 일명 음란지합 이라고도 한다.
戊癸 合火	무정지합(無情之合) 냉정하고 박정하여 인정에 야박한 면이 있다. 그러나 아름다움을 좋아하지만 결혼이 늦어진다.

사주에 합이 많으면 강인함이 없다. 정이 많다. 여명(女命)에 합다(合多)하고 官殺(관살) 혼잡하면 정조관념이 없다. 이런 말은 지금은 이해를 잘 못하지만 진도가 좀 나가면 이해가 됩니다.

2. 천간의 충(干冲)

10천간이 7번째 오행과의 만나면 충돌하게 되는데 이것을 간 충 또는 충(冲)이라 하여 충돌 분쟁 쟁투 파괴 등으로 나타내게 되는데 속성속패의 빠른 작용력이 있다. 십간의 음과 양이 만나면 합이 되는데 반해서 <u>충은 양은 양끼리 음은 음끼리만 충을 하게 된다</u>. 甲庚이 만나면 甲庚 冲, 乙辛, 丙壬, 丁癸,가 바로 충이되는데 서로 만나면 충이 된다 하여 상충(相冲)이라한다.

甲 庚　甲木과 庚金이 만나면 강하게 충돌한다.
　冲　　甲庚相 冲이라고 한다.

乙 辛　乙木과 辛金이 만나면 충이 되는데 화초가 칼날
　冲　　을 만나면 상하게 됨을 상기 하면 된다.
　　　　乙辛相冲 이라고 한다.

丙 壬　丙火와 壬水가 만나면 강하게 극충을 한다.
　冲　　丙壬相冲 이라고 한다.

丁 癸　丁火가 癸水를 만나면 충이 되는데 초불이 이슬
　冲　　을 만나면 꺼지게 됨을 상기하면 된다.
　　　　丁癸相冲 이라고 한다.

그 외의 오행은 충보다는 극으로 활용함이 타당하다

예를 들어 보면 戊甲 己乙 庚丙 등을 말한다.

육신(六神)상의 庚금은 甲목의 칠살(七殺)이 되듯이 辛금은 乙목의 칠살이 된다. 육신상 칠살은 살기가 등등한 호랑이처럼 무섭고 두렵고 무정한 육신이다. 간충(干沖)을 나타나면 산중에서 범을 만난 것처럼 무슨 변이 생실시 신신증공민다. 그래서 간충이 나타나면 불긴한 징조로서 무척 불안하고 두려워한다. 지금은 이런 말이 무슨 말인지 이해가 안 될 수 있다, 그러나 좀 진도가 나가면 아하! 그게 그런 것이었구나 하고 알게 된다. 우리는 아직 육친이란 것을 배우지 않은 상태이기 때문이다. 너무 염려 말고 따라 가다보면 이해가 되기 시작한다. 혹 나는 좀 둔해서 그런 것은 아닌지 의아해 할 때가 있다, 전혀 그래서가 아니라 새로운 학문이기 때문에 이런 현상은 당연한 것이다.

<2> 지지의 합충형파해(地支의 合冲刑破害)

지지에서 여러 가지 합과 충과 형 등이 있는데 간략하게 요약해 보면 방합-방향의합 지합은 일명 6합 또는 삼합- 세 가지 오행이 만나 합이 되는 것이 있으며 반합 즉 반만 합이 되는 것도 있다.

1. 지합 (支合)

십이지지도 음과 양이 만나 합하는 것을 지합(支合)이라고 한다. 子와 丑이만나면 합을 하고 寅과 亥, 卯와 戌, 辰과 酉, 巳와 申, 午와 未, 가 바로 그것(支合)이다. 子와 寅과 辰과 午와 申과 戌은 양이고 丑, 卯, 巳, 未, 酉, 亥, 는 음이다. 십간의 음과 양이 만나 합이 되듯이 지지도 음양이 만나 합을 이룬다.

甲己가 만나면 土로 변하는 화오행(化五行)이 발생하듯이 지지도 "화오행"으로 변한다. 子丑이 만나면 土가 되고 寅亥가 만나면 木이 되고 卯戌은 火요, 辰酉는 金이고, 巳申은 水요, 午未는 합은 이루어지지만 化五行으로 변하지 않는다하여 무변(無變)이라한다. 午는 태양이고 未는 달로서 하늘을 상징하고 子는 바다요, 丑은 육지로서 땅을 상징한다. 하늘과 땅 사이에 춘하추동 절기가 돌고 도는 것이 지합의 화오행이다. 목은 봄이요, 화는 여름이고, 금은 가을이고, 수는 겨울이다.

땅은 토의 오행에 속하는데 반해서 하늘은 어느 오행에도 속하지 않는다. 그래서 子와 丑은 토의 화오행이 되지만 午未는 화오행이 없이 단지 합만 할 뿐이다.

2. 지충 (支沖)

12지지의 음과 음 양과 양이 만나는 것은 지충이라 한다. 子와 午가 만나면 충을 하고 丑과 未가, 寅과 申이, 卯와 酉가, 辰과 戌이, 巳와 亥가 바로 그것이다. 子와 午, 寅과 申, 辰과 戌,은 양이고 丑과 未, 卯와 酉, 巳와 亥는 음이다. 음과 양은 한 쌍의 부부로서 유정하듯이 간합과 지합은 음과 양으로서 유정한데 반해서 음과 음 양과 양은 남과 남, 여와 여, 로서 서로 대립하고 반목하며 무정하다. 음과 음 양과 양으로 이루어지는 간충과 지충은 적대관계로서 무정하다. 干沖이 나타나면 만사가 불성(不成)이고 불길한 사태가 발생하듯이 支沖이 나타나면 되는 것이 없고 불행한 사태가 발생한다고 해서 무척 두려워한다. 그렇지만 지충의 충은 부딪치고 싸우는 충이 아니라 화합할 충이다.

음과 음 양과 양이 만나면 여성과 여성 남성과 남성이 만나듯이 서로 시기질투하고 미워하며 대립하고 반목하는 적대관계인데 음과 음 양과 양이 상충하는 支沖이 화합하는 까닭은 무엇인가? 子와 午는 같은 양지(陽支)이지만 子는 水이고 午는 火이며 水는 陰이고 火는 陽이다.

水와 火는 음과 양으로서 천생연분인 한쌍의 부부이다. 서로 사랑하고 화합하며 의지하고 상부상조한다. 巳와 亥는 음지이지만 巳는 火이고 亥는 水로서 火는 양이고 水는 음이다. 子午와 같이 음과 양이 만나는 것이니 천생연분으로 화합할 것은 당연하다. 卯와 酉는 같은 음이지만 卯는 木이고 酉는 金이며 木은 陽이고 금은 처녀로서 천생배필이니 만나면 화합할 것이 당연하다. 寅과 申은 같은 陽支이지만 寅은 木이고 申은 金이며 木은 양이고 金은 음이다. 卯酉와 같이 음과 양이 만나는 것이니 서로 사랑하고 화합하기 마련이다. 辰과 戌, 丑과 未는 土이다. 辰과 丑은 陰土(濕土)이고 戌과 未는 陽土(燥土)이다. 비록 같은 土이지만 丑은 음이고 未는 양이며 辰은 음이고 戌은 양양이다. 음과 양이 만나는 것이니 화합하는 것은 당연하다.

음과 음이 양과 양이 부딪치고 싸우는 충과 음과 양이 화합을 해서 하나가되는 충은 하늘과 땅의 차이만큼 크다. <위 글에서 말한 음양은 약간 헛갈릴 수 있다. 음양의 이치를 잘 생각하면 이해 할 수 있다. 음은 차고, 양은 더웁다, 로 보아 수는 음이고 화는 양이며, 습토는 물 토로 음 토이고 조토는 마른 흙으로 양토 (조토)로 보는 것이다. 지금은 처음단계라 이해가 잘 안되지만 차차 이해가 될 것이니 너무 염려할 사항은 아니다.)

3. 충 형 파 해 방향

충(沖)은 양과 양 음과 음끼리 만 충 하는 것이 있다.

형(刑)은 삼형살이 있는데 3자가 모여 강하게 형합 하
여 삼형 살 이고 형살은 상형(相刑)과 자형(自刑)
이 있다.
파(破)는 육파(六破)라는 것이 있는데 파기하고 분리한
다는 의미가 된다.
해(害)는 육해(六害)가 있는데 합하고 있는 사이를 방
해 해로움을 끼친다는 의미가 있다.

방합(方合) 방향의 합 또는 계절의 합 이라고 한다.
방합은 순수한 동족끼리의 합이라고 생각하면 된다.
세 개의 같은 계절과 같은 방향이 만나서 합이 되기 때
문에 일명 우합(友合)이라고도 하는데 일단 뭉치면 기세
당당 하지만 끈끈한 정이 부족하여 삼합 보다는 그 힘
이 떨어진다.

4. 방국(方局)에 대하여

十二지는 방위와 절기가 시각을 가리킨다. 寅卯辰은 동방이요 巳午未는 남방이며 申酉戌은 서방이요 亥子丑은 북방이다. 사주에 寅卯辰이 모두 있으면 동방목국(東方木局)이라고 하듯이 巳午未가 모두 있으며 남방화국(南方火局)이라하고 申酉戌이 모두 있으면 서방금국(西方金局)이라고 한다. 亥子丑이 모두 있으면 북방수국(北方水局)이라고 한다.

방국은 같은 오행으로 구성됨으로써 그 힘이 절대적이다. 삼합은 오행이 다른 동서남북이 이해관계로 뭉치고 단합한 것인데 반해서 방국은 같은 방위와 지역과 씨족이 혈통을 위주로 해서 똘똘 뭉치고 생사를 같이 하는 집단으로서 이해관계로 인한 이합집산은 하지 않는다. 방국은 지역과 씨족을 위주로 자연 발생적으로 형성된 순수한 집단으로서 전체가 참여해야 한다. 삼합처럼 반합이란 없다. 寅卯辰이 모두 있어야만 비로소 동방 木局이 형성되고 만일 寅卯辰중에 어느 하나만 없어도 방국은 형성되지 않는다. 寅卯나 卯辰이나 寅辰으로는 방국이 될 수 없다. 삼합은 이해관계로 뭉친 집단적인 세력으로 지합이나 지충을 용납 치 않듯이 방국은 순수한 씨족내지 동족의 자발적인 집단으로 그 세력이 압도적이고 절대적이다. 따라서 지합이나 지충은 물론 삼합도 용납하지 않는다. 寅卯辰의 방국이 형성되면 寅申충이나 卯酉충 辰戌충이 불가능하듯이 寅亥합 卯戌합 辰酉합이 불가능하다.

寅
卯　동방의 합 또는 木의 성질끼리 모여 木局을 이루게
辰　되고 계절로는 봄을 의미하기도 한다.

巳
午　남방의 합 또는 火의 성질끼리 모여 火局을 이루게
未　되고 계절로는 여름을 의미하기도 한다.

申
酉　서방의 합 또는 金의 성질끼리 모여 金局을 이루게
戌　되고 계절로는 가을을 의미하기도 한다.

亥
子　북방의 합 또는 水의 성질끼리 모여 水局을 이루고
丑　계절로는 겨울을 의미하게 된다.

<간추린 방합>

5. 삼합(三合)에 대하여

　태양인 丙은 동방 寅에서 장생(長生)하고 남방 午에서 제왕하며 서방 戌에서 묘가 된다. 寅과 午와 戌은 해가 뜨고 중천하며 묻히는 과정이자 丙의 공통분자와 같다. 이 공통분자가 하나로 뭉치면 무서운 세력을 형성한다. 火의 장생과 제왕과 묘가 하나로 합해서 거대한 火의 세력을 형성하는 것은 삼합(三合) 또는 삼합화국(三合火局)이라고 한다. 壬水는 申에서 장생하고 子에서 제왕하며 辰에서 묘가 된다. 申과 子와 辰이 서로 만나면 삼합수국(三合水局)을 이룬다. 庚金은 巳에서 장생하고 酉에서 제왕하며 丑에서 묘가 된다. 巳와 酉와 丑이 모이면 삼합금국(三合金局)이 형성된다. 甲木은 亥에서 장생하고 卯에서 제왕하며 未에서 묘가 된다. 亥와 卯와 未가 같이 나타나면 삼합목국(三合木局)을 이룬다. 土는 죽고 사는 것이 없듯이 십이운성이 분명치 않음으로써 삼합이 없다. 火의 삼합은 동방과 남방과 서방이 하나로 뭉쳐서 火의 세력을 형성하듯이 水는 서방과 북방과 동방이 하나가 되어서 거대한 세력을 형성하고 金은 서방과 북방이 하나가 되어서 대단한 세력을 형성하며 木은 북방과 동방과 남방이 하나로 뭉쳐서 엄청난 세력을 형성한다. 동방과 남방과 서방이 뭉치고 단결해서 세력화하는 이유와 목적은 무엇인가? 그것은 이해관계가 같은 사람들끼리 무리를 만들고 힘을 합쳐서 공동이익을 도모하기 위한 수단과 방법이다.

장사하는 사람들이 조합이나 단체를 만들고 같은 직능인들이 뭉쳐서 협회나 단체를 만들며 정치인들이 모여서 정당을 만드는 것은 하나같이 세력을 형성해서 공동이익과 목적을 달성하기 위한 수단과 방법이다. 그것들은 동서남북을 막론하고 뜻이 같으면 하나로 뭉치고 세력을 과시한다. 삼합은 이해관계로 뭉치고 단결하는 집단으로서 이해가 상반되면 대립하고 반목하며 분열되고 이탈한다. 정치인들이 탈당해서 이당 저당으로 옮기는 이합집산이 무상한 것은 오로지 이해관계 때문이듯이 삼합은 이해관계로 뭉치고 세력화하는 것이다. 정당을 세우려면 당원이 있어야하고 당수가 있어야 하며 재력(財力)이 있어야 하듯이 나라를 세우려면 백성이 있고 군왕이 있으며 영토가 있어야 한다. 백성과 당원은 온순하고 착하며 순종을 잘해야 한다. 十二운성중에 가장 순하고 착하며 잘 따르는 것은 장생이다. 당수나 군왕은 능소능대하고 탁월하며 통솔력이 뛰어난 것은 제왕이다. 의식주를 비롯한 경제와 부는 하나같이 땅에서 생산된다. 十二운성중의 묘는 辰戌丑未의 土에서 나타나고 土는 오곡백과를 비롯한 금은보화를 생산하는 금맥이자 금고로서 경제와 부를 상징한다. 삼합이 왜 장생과 제왕과 묘를 위주로 해서 형성되는지의 이유를 이제야 분명히 이해할 것이다. 나라는 군왕이 으뜸이요 핵심이다. 군왕은 나라의 주인으로서 나라를 세우고 소유하며 지배하고 다스린다. 군왕은 백성만 있어도 나라를 세울 수 있고 영토만 있어도 나라를 세울 수 있다.

그렇지만 백성과 영토만으로는 나라를 세울 수 없다. 삼합은 장생과 제왕 또는 제왕과 묘만 있으면 세력을 형성한다. 이는 반 토막 삼합으로서 반합(半合)이라고 한다. 그렇지만 장생과 묘만으로는 나라를 세울 수도 세력을 형성할 수도 없듯이 반합이 불가능 하다. 寅과 午, 午와 戌은 반합 할 수 있지만 寅과 戌은 반합이 불가능하다. 삼합은 거대한 세력집단으로서 어떠한 힘과 적도 물리칠 수 있다. 지충(支冲)이나 지합(支合)을 능히 물리침으로써 성립이 불가능하다. 삼합과 반합은 아래와 같다.

　　○寅午戌=三合火局　　○寅午. 午戌=半合火局
　　○申子辰=三合水局　　○申子. 子辰=半合水局
　　○巳酉丑=三合金局　　○巳酉. 酉丑=半合金局
　　○亥卯未=三合木局　　○亥卯. 卯未=半合木局

삼합(三合)

　세 가지 다른 개체인 오행이 만나 합을 이루게 되는데 동일한 목적으로 뭉치는 만남이므로 그 작용력이 가장 강하다고 한다.
다.
<참고할 사항은 寅申巳亥는 生支라 하고 子午卯酉는 旺支라하고 辰戌丑未는 庫支라 함을 기억 하여야 한다.>

<간추린 삼합>

寅午戌   午火가 왕지에 해당함으로 火의 기운으로 형성됨

申子辰   子水가 왕지에 해당함으로 水의 기운으로 형성됨

巳酉丑   酉金이 왕지에 해당함 으로 金의 기운으로 형성됨

亥卯未   卯木이 왕지에 해당함 으로 木의 기운으로 형성됨

세자가 모여 삼합이 되었으나 이 중 두자만 모여도 합이 되는데 이것을 반합이라고 한다. 주의 할 점은 子午卯酉가 끼어야 합이 된다.

<단 두개의 오행이 모여도 합이 되는데 이것을 반합(半合)이라고 한다. 다만 왕지가 끼어 합이 되어야 한다.

<암합(暗合)의 종류>

寅午   子巳   卯申   亥午   寅丑
甲己   戊癸   乙庚   丁壬   甲己

忌神이 합이 되어 吉神으로 변하면 吉해지고 吉神이 합이 되어 凶神으로 변하면 흉하게 된다.

6. 육합(六合)

육합은 일명 부부 합이라고도 하는데 일지에 육합이 들어오면 결혼 또는 연인이 생긴다고 해석하고 다만 함께 붙어 있어야 합이 된다.

子丑合土　子水와 丑土가 합하면 土의 성분으로 변한다.

寅亥合木　寅木과 亥水가 합하면 木의 성분으로 변한다.

卯戌合火　卯木과 戌土가 합하면 土의 성분으로 변한다.

辰酉合金　辰土와 酉金이 합하면 金의 성분으로 변한다.

巳申合水　巳火와 申金이 합하면 水의 성분으로 변한다.

午未合　　합만 되고 타오행으로 변하지 않는다.

男命에 合多면 外交 사교술에 능하고 女命에 合多면 淫亂한 命이다. 吉神合은 吉하고 凶神合은 凶하다. 合力은 가까워야 강하고 멀리는 약하다. 合이 冲 波를 당하면 合도 안되고 冲도 안 된다.

지지의 충(冲)

천간충과는 달리 지지 충은 그 작용력이 매우 커 심대 하다 천간의 충은 나무 잎사귀끼리의 충이되어 잎이 다시 나면 되지만 지지의 충은 나무뿌리끼리의 충이 되어 잘못 되면 뿌리가 손상되는 형상이니 타격이 대단히 크다.

충은 서로 마주 보고 있어야 하고 음 대 음, 양 대 양 만이 충 하게 되며 서로 충돌 하여 싸우면서 쫓아버리고 물리치는 것을 말한다.

子午 沖	왕지의 충이므로 일신이 항시 불안하여 머무르지 못한다.
寅申 沖	남녀 간에 구설 관재 혈액 교통사고 등이 발생한다.
卯酉 沖	부부 또는 형제간 불화가 생긴다.
巳亥 沖	매사에 집중력이 떨어지고 남의 일을 걱정한다.
辰戌 沖	파란곡절 풍파가 있다 붕 충이라 하여 고독하다.
丑未 沖	재물 다툼이 있거나 일이 성사되지 않고 지연되는 등의 일이 발생한다.

지지상충(地支相沖)중에 묘유(卯酉)가 명조(命造)에 있고 상형(相刑)이나 원진(怨嗔)이 있으면서 재다(災多)하면서 결국은 패가(敗家)할 운명(運命)이라고 하여 파란곡절(波瀾曲折)이 뼈에 사무친다.

7. 지지의 형
삼형(三刑)

삼형은 충과 같은 의미를 가지고 있으나 충은 상대방에게 직접 충 하지만 형은 끈질기게 붙어서 재앙을 일으킨다고 하여 삼형 살이라고 한다. 삼형이 사주원국에 있든지 대운이나 세운에서 삼형을 만나면 관재 구설 관액 형무소 이별 죽음 질병 사고 수술 소송 등의 형액을 당한다. 삼형이 사주원국에 있는 사람은 법원 검찰 경찰 의사 약사 정육점 양복점 이 미용 업종 등의 직업을 가지면 좋다. <그 이유는 형권을 내가 잡지 않으면 자신이 구속 된다는 의미로 생각 하면 된다.>

寅 巳 申-지세지형(持勢之刑) <쟁투 폭력 형액 송사 수술>
　　　　자기중심적 성향으로 무모하게 일을 추진 낭패 당한다. 자신의 힘만 믿고 돌진하다 낭패와 좌절 한다는 의미

丑 戌 未-무례지형(無禮之刑) 행동에 질서가 없고 냉정포악 하다 예절과 질서도 없고 성질이 횡폭하다는 의미

子 卯 刑-무례지형(無禮之刑) 행동에 질서가 없고 냉정포악 하다 예절과 질서도 없고 성질이 횡폭하다는 의미이다.

8. 육형(六 刑)

형이란 사주 중에 이오행이 두자가 있던지 행운에서 만나면 육형이 되는데 독립심이 결여 되고 매사에 의지가 결여되어 박약 하게 된다.

巳 申	처음과 달리 시간이 지나면서 사랑이 불화로 나타난다.
寅 巳	배신과 관재 소송 갈등 골육상쟁 등이 발생한다.
寅 申	부지런하고 적극적인 면도 있으나 분주하며 지출이 많다.
丑 戌	부부 불화로 고독해지고 다툼과 시비가 많다.
戌 未	관재 구설 시비 등이 따르고 횡액을 당한다.
丑 未	경망하여 실패 낭패 당한다.

9. 자형(自 刑)

자형이란 사주 중에 이오행이 두자가 있던지 행운에서 만나면 자형이 되는데 독립심이 결여 되고 매사에 의지가 결여되어 박약 하게 된다.(辰 亥 酉 午)

辰 辰	사회활동이 원만하지 못하고 외롭고 고독 막힘이 많다. 요도염 위장병 피부염 주의
亥 亥	인덕이 박하고 고독하여진다. 당뇨 고혈압 소화불량 신경통 부인병 주의
午 午	배우자 인연이 박하고 관재구설 있다 자살 자해 두통 정신질환 주의
酉 酉	매사가 막힘이 많다. 신경통 간장 호흡질환 주의

10. 지지의 파(波)

일명 육파(六破)라 하여 파기하고 분리한다. 부부문제 발생

子 酉	부모형제 인연박하고 부부애정 결핍 하다.
丑 辰	관재 구설 인덕 없고, 스스로 화를 자초한다.
寅 亥	합이 되기 때문에 작용력이 약하다.
卯 午	명예 실추 사업실패 등 성공하기 어렵다.
巳 申	인간관계 불화 구설 시비 파산 손재 발생한다.
未 戌	구설시비 배신 시기 질투 등이 발생한다.

11. 지지의 해(害)

합하고 있는 사이를 방해 하면서 해를 끼친다.

子 未	부모형제 불화하고 해하며 관재구설 매사장애 발생
丑 午	골육간에 상호해하며 부부불화 화목치 못함.
寅 巳	형도 되기 때문에 구설시비 관형액 중상모략
卯 辰	관재 구설 고독 하게 산다.
申 亥	교통사고 많다.
酉 戌	공덕이 없다.

12. 간지 순월 법

干支 遁月法이란? : 간지 둔월법 이란 간지를 알면 그해 시작하는 월을 알 수 있다.

甲己之年 丙寅 頭=甲年과 己年이 시작은 丙寅월로 시작한다.
乙庚之年 戊寅 頭=乙년과 庚년의 시작은 戊寅월로 시작한다.
丙辛之年 庚寅 頭=丙년과 辛년의 시작은 庚寅월로 시작한다.
丁壬之年 壬寅 頭=丁년과 壬년의 시작은 壬寅월로 시작한다.
戊癸之年 甲寅 頭=戊년과 癸년의 시작은 甲寅월로 시작한다.

<3>모든 합과 살의 해설

1. 사주 판단법

사주를 판단하는 법은 단식판단법과 복식 판단 법이 있는데 단식판단 법을 먼저 알고 복식 판단 법을 사용해야한다. 단식 판단 법은 간합 간충과 지지에서 일어나는 모든 합과 형 충 파 해 등살과 12운성 12신 살을 사주 원국에 결부시켜 간단하게 판단하는 것을 단식 판단법이라고 한다.

복식 판단 법은 사주 원국 여덟 자의 기둥을 세워 놓은 다음 대운을 정하여 기록하고 음양오행과 육신을 배정 한 후 격 국과 용신을 정한 연후에 모든 합과 살을 배정해 표시 한 다음 희 신과 기신 대운과 세운을 대조하면서 일생일대의 운명을 빠짐없이 하나하나 짚어나가는 감정 법을 복식 판단 법이라고 한다.

<다음 장에 모든 합과 살에 대하여 구체적으로 기술하였으므로 많은 참고가 되리라 믿는다.>

2. 천간의 합과 충

천간의 합과 충을 일컬어 천간끼리 합하는 것을 干合 천간끼리 충 하는 것을 干 沖이라고 하는데 간 합을 일명 육합이라고도 하고 이의 원리는 甲에서 己까지 6번째의 합이기 때문에 六合이라고도 한다

사주의 구성 원리는 음과 양의 배합인데 세상만물은 어떠한 물건도 변화가 없는 것이 없듯이 오행 또한 천간은 천간끼리 음양이 서로 극하면서 오행의 변화를 가져오게 되고 또한 하나의 덩어리로 형성되어 일체 즉 한 몸이 되는 것이다.

오행의 생성 법칙을 구체적으로 설명하자면 甲木과 己土는 상극을 하지만 극이 있은 뒤 木과 土가 합이 되어 기물이 되듯이 양 만으로는 기물을 만들지 못하여 음양의 배합만이 이 모든 물건을 생산해 낼 수 있다는 오행 생성의 법칙인 것이다.

천간끼리의 합인 干合은 남여가 한 쌍이 되듯이 10자가 합하여 5쌍이 된다. 그래서 干合을 五合 또는 다정하다하여 慮合 음양이 합이 되었다하여 음양 합이라고도 한다.

3. 干合의 구체적인 추리연구

① 甲己合土(갑기합토)

甲木己土가 합하여
土가 되는데 사주 중 甲己合이 되면 남과 타협을 잘하며 대중의 존경을 받고 자기직무 수행에 책임감이 있다 남녀 공히 부부가 행복하게 잘 살게 되는 합이다.
(참고) 사주 중에 칠살과 12운성에서 (死絶桃花)사절도화가 있으면 자기의 본분을 망각하고 간사스러운 지혜를 부리기도 한다.

甲일에 己토를 합하면

신용 정직 성실하나 나태, 활발성이 부족하기도 하고 남자는 己土가 하나 외에 또 있다면 1회 2개가 있다면 2회 여자와 통정하거나 인연을 만들게 되고 여러 개로 형성되었다면 주색과 부정으로 패가망신한다.

己일에 甲을 합하면

대인관계 활동은 원만하나 신용이 없고 여자는 사주에 甲이 하나 외에 또 있으면 있는 숫자대로 짝을 짖는다 하여 색을 탐하다가 가정과 신용을 잃고 타락 하게 된다. 己일에 甲과 합이 있고 乙이 사주 중에 있다면 매사를 자신이 만들어 고생하게 되고 丁이 있다면 타인의 말을 잘 들어 고생하게 되고 庚이 있다면 가난과 빈곤하게 살게 된다.

甲일에 己와 合이 있고

乙이 있으면 아내를 극하고 丙이 시에 있으면 발전이 있어 좋고 丁이 있으면 의식이 감소되고 戊가 있으면 부귀, 행복하고 庚이 월주에 있으면 가족이 흩어져 살게 되고 辛이 있으면 명성을 얻게 되고 壬이 있으면 유랑생활을 하게 되고 癸가 있으면 한평생 행복하게 살게 된다.

② 乙庚合金(을경합금)

용감무쌍한 성격으로 타인의 유혹에 넘어가지 않고 선악의 구분을 잘한다. 배우자와 다정다감 합이다.
<참고> 사주에 칠살 또는 12운성에 사. 절이 있으면 용감하나 용모가 추하고 불구자 또는 백정 인색하지만 주색을 밝히며 모든 사람들로부터 존경받지 못한다.>

乙일이 庚과 합이 되면

결단력은 있으나 무례하고 신용이 없다. 여자는 庚이 하나 외에 또 있으면 잇는 숫자대로 남의 남자와 깊은 인연을 맺게 되어 흉하게 보고 남자 또한 부정한 행위를 많이 저지르게 된다.

庚일에 乙이 합이 되면

자비심은 있다 해도 의리가 없어 자신의 주장만 내세우는 경우가 있다.

남자는 사주에 乙이 하나 외에 또 있으면 있는 숫자대로 불륜을 저지른다하여 색으로 인하여 패가망신하게 되고 여자는 부정하여 가정과 가족들로부터 소외당하여 사방에 떠돌아다니게 된다.

乙일에 庚이 합이 있고 丙이 있으면
일이 잘 풀리지 않고 丁이 있으면 매사 여유롭고 辛이 있으면 고뇌가 심하고 壬이 있으면 순행 발전 하게 된다.

庚일에 乙이 합이 있고 戊가 있으면
부귀하게 되고 辛이 있으면 재앙이 따르고 壬이 있으면 재물 복이 있고 癸가 있으면 가산탕진 외롭게 산다.

③丙辛合水(병신합수)

남달리 위엄성은 있으나 마음이 비굴 할 정도로 잔인하며 마음속으로는 은근히 뇌물을 좋아하고 베풀기 보다는 받는 것을 좋아하며 냉정하면서도 이기적이고 주색을 탐하게 된다.
(참고) 사주에 칠 살 이 있고 12운성에서 사절 도화가 있으면 베풀 줄 모르는 무정한 사람으로 주위의 비웃음을 받으면서도 주색을 탐하게 된다.

丙일에 辛을 합하면
지혜롭고 총명하나 질서가 없어 무례하게 되며 남자는 辛이 하나 외에 또 있으면 있는 숫자대로 풍류와 주색을 좋아하다가 가산을 탕진하고 조상의 묏자리까지 팔아먹게 된다.

辛일에 丙을 합하면
크게 출세하는 것도 싫어하고 아늑한 가정에서 마음 편하게 사는 가정적인 사람이다. 여자는 사주에 병이 하나 외에 또 있으면 있는 숫자대로 통정을 하게 되어 헤프고 그러다보니 남의 첩이 되는 수가 있다.

丙일에 辛이 합이 있고 乙이 있으면
고관대작의 발전 격이 되고 丁이 있으면 가정이 파산 파재 되고 戊가 있으면 명성은 떨치고 己가 있으면 행복하긴 하나 오래 지속되지 못한다.
辛 金이 또 있으면 투합쟁사라 하여 구설과 싸움이 자주 있다.

辛일에 丙이 합이 되고 丁이 있으면
가난하고 잔병이 들끓게 되고 戊가 있으면 행복하게 살게 된다.

④ 丁壬合木(정임합목) 음란지합

민감하고 깨끗한 성격의 소유자이다. 그러나 남자는 배우자와 불화하고 여자 또한 음란 지정 즉 부정으로 가정을 망치기도 한다.
(참고) 사주에 칠 살 이나 12운성에서 사. 절 도화가 있으면 주색과 음란으로 패가망신하게 되며 여성 또한 음란한 일은 좋아해 늦게 결혼하거나 연상의 나이 많은 남자에게 출가하기도 한다.

丁일에 壬을 합하면
성질은 깨끗하나 소심하여 질투하고 사치를 좋아한다. 여자는 사주에 壬이 하나 외 또 있으면 있는 숫자대로 음란한 일이 있어 유혹에 휘말려 가정을 파괴 한다.
색을 무척 좋아 하게 된다.

壬일에 丁을 합하면
성질이 예민하고 입바른 말을 잘하며 질투시기도 하고 마음이 들떠있게 된다.
남자의 사주에 丁하나 외 또 있으면 있는 숫자대로 통정 남의 여자를 탐하게 되고 풍류를 즐겨 패가망신하게 된다. 丁일에 壬이 합이 있고 丙이 있으면 일생 다복하고 辛이 있으면 평안한 명이요 癸가 있으면 일생 빈곤하게 산다. 또한 乙이 있으면 재물이 파산된다.

壬일에 丁의 합이 있고 申이 있으면 리더십이 강하여 부하가 많고 丙이 있으며 영웅호걸이요 辛이 있으면 전답이 많아 玉을 많이 지니게 되고 癸가 있으면 노력은 많이 하지만 공이 적다.

⑥戊癸合火(무계합치)

아름다움은 좋아하나 마음이 냉정 박정하여 결혼에 장애물에 걸려 만혼하게 된다.
사주에 칠살 사 절 도화가 있으면 주색을 좋아하고 마음은 총명 하나 인색해 결혼이 늦어지게 된다.

戊일에 癸와 합이 되면
정직하고 총명하나 마음은 냉정하다.
남자의 사주에 癸가 하나 외 또 있으면 있는 숫자대로 음란한 일을 저지르다. 주색으로 방탕한 생활을 하다 결혼 시기가 늦어져 때론 합당하지 못한 혼인을 하게 된다.

癸일에 戊를 합하면
총명한 성격이지만 마음속으론 무정 박정한 성격이다.
여자는 사주에 戊가 하나 외 또 있으면 있는 숫자대로 색을 좋아해 이성과 깊은 인연을 맺어 가정을 버리고 정부 따라 도망간다.

戊일에 癸와 合이 있고 乙이 있으면 육친 간 불화가 있고 己가 있으면 처를 극하여 상하게 되고 壬이 있으면 복을 많이 받아 행복하다.

癸일에 戊와 합이 있고 乙이 있으면 부귀공명하고 丁이 있으면 재산이 여유롭고 辛이 있으면 가산이 파괴도고 고향을 등지고 떠난 게 되나 庚.이 있으면 모든 일이 순조롭고 이롭게 된다.

(참고) 1음, 2양이 합하든가 2음 1양이 합이 되면 음양 편 투합이라 하여 상호간에 미워하고 질투한다 하여 질투 합이라고 하고 이런 합은 길하기보다는 오히려 흉하며 난도지합 이라고 한다.

合의 총평 : 간지가 같이 합이 있으면 마음이 넓고 아름답다. 日時가 합이 되면 男命은 처복 자식복 있다. 사주팔자에 합이 많으면 천한명이다. 천간 합은 용모가 아름답고 지지합은 인자한 사람이 많다. 女命에 合多하면 파란이 많고 간부를 두게 되고 지조가 없다.

4. 自化干合(자화간합)이란 무엇인가?

자화 간합이란 사주원국에서 다른 천간과 합하는 것이 아니고 자신의 지지 속에 있는 지장간과 합하는 것을 말한다.

甲午는 午中 丙己丁의 지장 간 중에서 己가 남자는 처가 되고 여자에게는 재물이 되기 때문에 合中 福의 팔자가 되며 丁亥는 亥中 戊甲壬이 있어 남자에게는 壬이 자식이고 직업이며 여자에게는 남편은 관이니 출세라하여 복록이 진진하다 하겠다.
壬午는 午中 丙己丁이 있어 정이 남자에게는 처와 재물이요 여자에게는 재물이기 때문에 복록이 있고 戊자는 子中 壬癸가 있어 癸가 남자에게는 처와 재물이요 여자는 재물이니 총명하여 좋은 것이고
辛巳는 巳中 戊丙庚이 있어 丙이 남자에게는 직업과 자식이고 여자는 남편이니 위엄 있어 재주가 능하다하고
癸巳는 巳中 戊庚丙이 있어 戊가 남자에게는 직업과 자식 여자에게는 남편이니 귀명이라 하지만 주색으로 패가망신하기도 한다. 이외에도 자화합이 많이 있으니 사주를 추리 할 때 잘 활용하면 좋은 성과를 얻을 수 있다. 다만 신강 신약을 정확히 구분하여 감정한다면 정확성을 기하는데 도움이 될 것이다.

5. 天干相冲(천간상충) 해설

相冲이란 서로 부딪쳐 충돌한다는 뜻이니 파괴 파산 이별 분리 죽음 상해 질병 수술 등 흉한 일이 발생하는 것이다.
상충하면 약자는 강자에게 자연히 상해를 당하게 되며 강자 또한 막대한 힘이 소모됨으로 양자가 다 피해를 보게 된다.
상충은 가까운 이웃사이에만 이루어지고 멀리 있거나 건너 뛰어 있는 것은 극으로 봐야지 충으로 보면 안 된다. 고전에 말리는 자가 있다하여 극으로 보는 게 타당하다.
특히 천간 상충은 연주에 있는 것은 제일 나쁘게 보는데 연주에 있게 되면 뿌리가 흔들린다 하여 인생 노선에 굴곡이 많다고 볼 수 있으나 상충이 됨으로 하여 전화위복이 되는 경우도 있으니 각 개인의 명조를 잘 파악하여 판단해야한다.

6. 三刑殺(삼형살) 해설

삼형은 상충과 비슷하게 작용하지만 상충은 순식간의 충돌을 의미 하고 삼형은 끈질기게 붙어 흉작용이 되는데 상충보다 더 큰 재앙을 일으킨다.
삼형은 세자가 모여 이루어지는데 다 있으면 삼형살 이라하고 두자만 있으면 형살 또는 육형이라고 한다.

삼형은 사주 어디에 있어도 작용은 동일하나 석자 있을 때 보다 두자만 있으면 작용력이 감소된다.

삼형살이 사주 중에 잇는 사람은 법관이나 변호사 검사 선생의사 약사 등의 직업을 갖은 사람이 많다. 그렇지 않으면 재앙을 당하게 되는데 왜냐하면 남을 구속하든시 아니면 내가 무능빙하게 된다는 이치이며 또한 사플을 끊어 버린다는 의미이기도 하기 때문에 때로는 정육점 양복점 이용업 등 직업을 갖기도 하며 그길로 가면 대성한다. 또한 이 살이 생왕한 사람은 조실부모하거나 생이별하기도 하고 성장해서도 관재 관액으로 구속되어 감옥에 가게도 된다.

寅巳申<지세지형> 이 형이 사주에 있는 사람은 자신의 힘만 믿고 밀고 나가다 좌절 하게 되며 12운성에서 생 록 왕 등 길 성과 같이 있으면 길하여 만사여의형통 하지만 사 절 묘 등 흉성과 동주 하면 재앙을 만나 비굴 하기도 하고 관재에 휘말리게 되며 남자는 교만 여자는 고독하다.

丑戌未<무은지형> 이 형이 있는 사람은 냉정하여 은인과 친구를 배반하기도 해치기도 한다. 12운성에서 사 나 절 과 같이 있으면 부정한 짓을 예사로 하고 은혜를 원수로 갚는가 하면 유산 수술 등 곤란한 일을 당한다.

子卯 <무례지형> 이 형이 잇는 사람은 성질이 흉폭하여 예절이나 질서는 무시하고 행동함으로 타인에게 불쾌감을 조성하는 타입이며 흉성과 함께 있으면 육신을 해하는 철면피 인생이다.

六 刑

寅 巳 인은 사를 형 한다.
운세:관재 시비 구설 소송 배신 갈등 골육상쟁이 발생한다.
질병:간장 담장 심장 소장 삼초 편도선 독극물 교통사고 질병 등이 발생한다.

巳 申 사는 신을 형 한다.
운세:합과 형이 있어 초기에는 유정 하지만 시간이지나면서 상당히 미움으로 변하여 시비 **불화**가 발생한다.

寅 申 인이 신을 형 한다.
운세:부지런하고 건설적이나 활동보다 수입이 적고 지출이 많아 적자 인생이다.

丑 戌 축이 술을 형 한다.
운세:혈육투쟁 부부불화 고독하고 주객의 다툼이 일어난다.
질병:심신부자유. 뇌신경성 질환 심장질환 등 모든 신경계 질환이 발생한다.

戌 未 술이 미를 형 한다.
운세:관재 구설이 많고 자기 세력만 믿고 전진하다 좌절하게 된다.
질병:위장 비장 신장 자궁 생식기 질환이 발생한다.

丑 未 축이 미를 형 한다.

운세:자신의 힘과 배경을 믿고 나가다 실패 좌절한다.
질병:비장 위장 소장 담낭 요도 등의 질병이 발생한다.

辰辰 午午 酉酉 亥亥는 서로간의 형 하는 것이기에 비모 빙이는 결과가 된다.

辰辰
운세: 형제 불화 사회 버림 등 고독해지는 운명이고 화개 이므로 할인공덕 적선을 많이 해야 한다.
질병: 방광염 요도염 비만 치통 위장 피부병 등 의 질병이 발생한다.

午午
운세: 배우자인연이 박하고 자손 불화 관재구설 이 많다.
질병: 눈이 나빠지고 정신 질환 두통 발생

酉酉
운세: 금의 기운이 왕 하여 만물의 성장을 억제 하는 살의 기운을 가지고 있다.
질병: 상해 수술 자상 수족절단 신경통 간장 호흡계통. 질병이 발생한다.

亥亥
운세: 자신의 잘못과 인덕이 없어 고생과 고독한 팔자다
질병: 당뇨 고혈압 심장 소화불량 신경통 등의 질병이 발생한다.

7. 지지 상충 해설

　상충이란 서로 충돌하여 싸우다가 쫓아버리거나 물리치는 것을 상충이라 한다. 물러간다는 뜻은 이별 이라고 생각하면 된다.
천간의 충은 관성이 되기 때문에 상극이라고 할 수 있지만 지지의 沖은 지충 이라 더욱 충의 힘이 세다.
천간의 충을 구체적으로 설명하자면 잎사귀의 충이기 때문에 다시 살아날 수도 있지만 지지의 상충은 뿌리째 뽑히거나 잘라 버리는 것과 같아서 이산 파괴 살생 질병 죽음까지도 당하게 된다.

　寅申巳亥는 四生地라 하여 沖되는 것을 싫어하고 子午卯酉는 四旺支라 沖되는 것을 크게 흉하게 보고 辰戌丑未는 四庫地라 하여 충을 기뻐한다.

寅 申 巳 亥 는 역마성이라 하여 바쁘고 분주하며 生지라 시작하는 준비과정이 되기 때문에 상충되면 부서져 없어지는 형이므로 상충을 해서는 안 되기 때문에 상충을 무척 싫어한다.

子 午 卯 酉 는 도화로 보기 때문에 인물로 비유한다면 없어서는 안 될 보물 같은 존재임으로 상충을 하게 되면 보석을 망가뜨리는 형상이기 때문에 충을 싫어하며 충이 되면 크게 흉하게 된다.

辰戌丑未는 창고와 같은 고지임으로 창고에 쌓아둔 보물을 꺼내 쓰려면 충을 해야 창고 문이 열려 꺼내 쓸 수 있음으로 충을 기뻐하게 된다.

예를 든다면 甲의 일간에서 본다면 丑中 辛金이 남편이 되는데 상충 운이 오면 창고 속에 있는 것을 꺼내게 되어 남편과 생활을 하게 되니 얼마나 좋지 하겠는가 이러한 이치로 볼 때 寅申巳亥나 子午卯酉는 沖하면 나빠지게 되지만 辰戌丑未는 충을 하게 되면 좋아지게 된다. 그러나 창고지기가 된 주인공은 창고의 물건을 꺼내어 하나오면 주고 둘이 오면 주고 하는 형상임으로 생의 곡절이 많고 바쁘기도 하여 이런 파란곡절을 감소하려면 할인 공덕을 해야만 하기 때문에 진술축미의 사주가 지지에 있는 사람에게는 할인 공덕을 하라고 하는 것이다.

子 午 충은?
운세 : 고향을 등지고 타향살이를 하게 되고 일신이 항상 불안정 적이다.
질병 : 신장 심장 방광 생식기 소장 등의 질병과
물질 : 불과 물이 관련된 일이 발생한다.

丑 未 충은?
운세 : 형제와 재물 다툼으로 원수가 되며 일이 지연되다
질병 : 비장 위장 소화기 피부병 맹장 취장 등의 질병이 발생한다.
물질 : 토지매매 분묘이장 관재가 발생한다.

寅申 충은?

운세 : 다정다감하지만 이성간의 구설수가 많다.
질병: 간장,담장,폐장,대장,골절,등의,질병이발생한다.
물질 : 도로교통 목재 철재 등의 일이 발생한다. <역마>

卯酉 충은?

운세 : 혈육상해 친지배반 부부불화 등의 일이 발생한다.
질병 : 간장,담장,폐장,대장,수족,상해,등의 질병이 발생한다.
물질 : 가옥 건축 가정 변화 이동수가 발생한다.

辰戌 충은?

운세 : 경사스러운 일과 고독풍파로 고생한다.
질병 : 비장 위장 심장 신장 피부질환이 발생한다.
물질 : 토지 전답 소송 시비 투쟁 등의 일이 발생한다.

巳亥 충은 역마지살 교통사고 조심

운세 : 타인의 걱정으로 근심하게 되고 매사가 반복되어 결과적으로 손해 본다.
질병 : 심장,소장,신장,방광,대,소변,혈압,등 질병 발생한다.
물질 : 연료폭발 등 불과 관계 되는 일과 회사 이동 멀리 여행 등의 일이 발생한다.

四柱에 冲이 많으면 포악하다. 한이 많은 사람이다.

8. 지지의 육파 해설

파란 발전의 기운을 파괴 불리 절단 이동 등의 흉한 작용을 하는데 형 충 해 보다 작용은 약하고 흉신을 파하면 길하고 길신을 파하면 흉하다.

子 酉 破
운세 : 부모 형제가 적이 되고 부부지간 무정하고 자식불초 한다.
질병 : 폐,요도,수족, 신경통, 생리통,등의 질환이 발생한다.

丑 辰 破
운세 : 관재 구설·질병이 많고 인덕이 적고 자기 스스로 화를 자초한다.
질병 : 피부질환 비장 위장병 맹장염 등 질환이 발생 한다

寅 亥 破
운세 : 인해는 합이기도 하면서 파가 성립되기도 한다. 때문에 파의 작용은 가볍다.
질병 : 위장병 방광염 담석증 등의 질환이 발생한다.

卯 午 破
운세 : 유흥 도박 색정으로 인해 명예가 실추되고 하는 일에 실패가 잦아 성공하기 힘들다.
질병 : 위장병 간장 색맹 담석증의 질병이 발생한다.

巳 申 破

운세 : 巳申 合이면서 刑 破가 되기 때문에 초기에는 합의 작용으로 거래가 성립되지만 중도에 불화시비로 파산손재가 발생한다.

질병 : 소장 대장 삼초 심장병 한증 등의 질환이 발생한다.

戌 未 破

운세 : 구설시비 골육상쟁 친지간의 배신시기 질투 등의 일이 발생한다.

질병 : 신경질환 허리요통 좌골 신경통 등 질병이 발생한다.

9. 지지육해살의 해설

해(害)란 대치하여 투쟁함의 뜻인데 은혜로운 일이 원수가 되어서 해를 일으킨다는 뜻으로 충동 한다는 뜻과는 달리 해롭다는 의미가 된다.

육해살을 대체적으로 대수롭지 않게 생각하나 사주 중에 있게 되면 여러 가지 흉한 작용을 일으켜 방해하는 살이라고 생각 하면 된다.

육해는 주로 원진과 귀문관살 등 여러 가지 형태로 작용하는 특성이 있어 때로는 성질이 변덕스럽기도 하고 포악하며 미치광이처럼 날뛸 때도 있다.

子 未
운세 : 육친 골육상쟁 불화로 상호 해롭게 하고 만재구설 육친 간의 별거 등의 일이 발생한다.
질병 : 허리요통 자궁질환 생식기 질환 등이 발생한다.

丑 午
운세 : 다른 사람에게 지기를 싫어하고 골육간 에도 서로 해하며 부부 불화도 발생한다.
질병 : 정신병 신경장애 중풍 반신불수 등의 질병이 발생한다.

寅 巳
운세 : 인사는 살이면서 해살이어서 구설시비 관액 중상모략 등의 일이 일어난다.
질병 : 간장 위장 소장 인후염 등이 발생한다.

卯 辰
운세 : 관재구설과 일에 대한 발전이 늦어지고 허무를 느끼는 일이 발생한다.
질병 : 위장 간장 등의 질환이 발생한다.

申 亥
운세 : 매사에 의비가 교차되는 일이 많고 교통사고 등의 일이 일어난다.
질병 : 폐 대장 산후병 대소변 질환이 발생한다.

酉 戌
운세 : 적선의 공이 적다
질병 : 언어장애 비장 신장 간장 질환이 발생한다.

10. 四生旺庫 상충 살

寅申巳亥는 삼합에서 시작하는 生의 위치에 잇는데 시작하자마자 冲을 당하면 매사가 허사가 되므로 일단 충은 싫어한다.

子午卯酉는 왕지의 冲으로써 모든 일의 완성단계로써 충을 하면 매사가 허사로 되기 때문에 충을 매우 싫어한다.

辰戌丑未는 인사적인 면에서는 墓이지만 재물을 말할 때는 庫라고 한다. 특히 진술축미는 충을 해야만 창고에 들어있는 물건을 꺼내 쓸 수 있다는 원리에 따라 생의 곡절이 많다고 보면 되며 충을 당할 때마다 물건을 꺼내 주는 역할을 해야 함으로 바쁘고 고단하며 요약해 말한다면 할인공덕을 해야 생의충이라고 한다.

<4> 월지 장간 해설(月地藏干解說)

1. 지장간(支藏干)

천간의 십간은 음양오행이 단순하지만 지지의 十二지는 음양오행이 다양하다. 甲과 乙은 木이요 丙과 丁은 火인데 반해서 亥에는 戊土와 壬水와 甲木이 갈무리되어 있듯이 寅에는 戊土와 甲木과 丙火가 갈무리되어 있다. 지지에 갈무리 된 오행을 지장간(支藏干)이라고 한다. 이는 땅속에 여러 가지 광맥이 갈무리되어 있는 것과 같다. 음양오행은 운기에서 발생하는 동시에 절기와 운기를 형성한다. 봄이 되면 생기인 木의 운기가 발생하는 동시에 木의 운기는 봄이라는 절기와 발생하는 운기를 형성한다. 운기는 초기와 중기와 말기로 나눌 수 있다.

입춘이 되면서 처음 나타나는 운기가 초기이며 다음에 나타나는 운기가 중기이며 마지막으로 나타나는 운기가 말기이다. 운기 중에서 가장 왕성한 것은 말기이다. 이를 정기(正氣)라고 한다. 정기는 힘이 왕성하고 넘침으로써 다음 달까지 이월한다. 이월된 정기는 초기를 형성한다. 辰戌丑未는 土가 정기로서 왕성하고 넘친다. 그 넘치는 土기는 다음 달(지지)의 초기를 형성한다. 이는 지난달의 정기가 이월된 여분의 운기로서 여기(餘氣)라고 한다. 丑의 다음지지는 寅이요 辰의 다음지지는 巳이며 未의 다음지지는 申이요 戌의다음 지지는 亥이다.

寅巳申亥는 土의 정기가 이월된 여기가 초기로 나타남으로써 초기인 여기에는 하나같이 戊土가 나타난다. 여기는 지난달 정기의 여분으로서 이미 쇠퇴하고 미약하다. 여기의 다음으로 나타나는 운기를 중기라고 한다. 寅에서 丙火가 중기이고 申에는 壬水가 중기이며 巳에는 庚金이 중기이고 亥에는 甲木이 중기이며 辰에는 癸水가 중기이고 戌에는 丁火가 중기이며 丑에는 신금이 중기이고 未에는 乙木이 중기이다. 子와 午와 卯와 酉는 여기와 정기가 있을 뿐 중기가 없다. 寅申巳亥에는 양 오행이 중기이고 辰戌丑未는 음 오행이 중기이며 子午卯酉에는 중기가 없는 까닭은 무엇인가? 삼합은 장생과 제왕과 묘로 구성된다. 장생은 발생하는 새싹이고 운기이며 제왕은 성장된 전성적인 왕자요 운기이며 묘는 노쇠하고 갈무리된 물체요 운기이다 밖으로 나타나는 것은 양이요 기이며 안으로 갈무리되는 것은 음이요 물체이다. 寅申巳亥는 장생으로서 하나같이 밖으로 나타나는 양이요 기인데 반해서 辰戌丑未는 묘로서 하나같이 안으로 갈무리하는 음이요 물이다. 火의 양은 丙이요 음은 丁이듯이 水의 양은 壬이요 음은 癸이고 木의 양은 甲이요 음은 乙이며 金의 양은 庚이요 음의 辛이다. 양이 발생하는 寅申巳亥의 중기에는 丙火와 壬水와 庚金과 甲木이 나타나고 음이 갈무리되는 辰戌丑未의 중기에는 癸水와 丁火와 辛金과 乙木이 갈무리되어 있다. 子午卯酉는 이미 성장한 왕기로서 중기가 없음과 동시에 오행이 순수하다.

子에는 壬癸水만이 있듯이 午에는 丙丁火만 있고 卯에는 甲乙木만이 있으며 酉에는 庚辛金만이 있다.
삼합火국인 寅午戌지지에는 하나같이 火가 갈무리되어 있듯이 東方목국인 寅卯辰지지에는 저마다 木이 갈무리되어 있다. 十二지지의 지장간을 분간하기란 복잡하고 힘들다. 그렇지만 시장간을 형성하고 있는 뿌리의 원리를 알면 매우 쉽게 일사천리로 분간할 수 있다. 十二지의 지장간은 삼합오행과 방국오행을 위주로 형성되고 있다.
寅午戌 삼합火국과 巳午未 남방 火국의 지지에는 저마다 火오행이 있듯이 申子辰 水국과 亥子丑 水국의 지지에는 저마다 水오행이 갈무리되어 있고 巳酉丑 金국과 申酉戌 金국의 지지에는 반드시 金오행이 갈무리되어 있으며 亥卯未 木국과 寅卯辰 木국의 지지에는 반드시 木오행이 갈무리되어 있다. 같은 삼합오행이지만 장생인 寅申巳亥는 초기에 어머니 자궁인 土(戊)가 있고 발생하는 양의 오행이 있다.

寅은 火의 장생으로서 丙火가 중기(中氣)에 나타나듯이 申은 水의 장생으로서 壬水가, 巳는 金의 장생으로서 庚金이, 亥는 木의 장생으로서 甲木이 중기에 나타난다. 辰戌丑未는 삼합오행의 묘로서 형체인 음의 오행이 갈무리되고 있다. 辰은 水의 묘로서 음水인 癸水가 갈무리되듯이 戌은 火의 묘로서 음火인 丁火가 갈무리되고, 丑은 金의 묘로서 음金인 辛金이 갈무리되며 未는 木의 묘로서 음木인 乙木이 갈무리되어 있다.

子午卯酉는 삼합오행의 제왕으로서 어머니의 자궁인 土나 발생하는 중기가 없이 순수한 金水木火만이 갈무리되고 있다. 子에는 壬癸水만이 갈무리되었듯이 卯에는 甲乙木만이, 酉에는 庚辛金만이, 午에는 丙丁火만이 갈무리되어 있다.

지장간의 오행은 뿌리로서 천간에 싹이 나타날 때에 비로소 작용을 한다. 寅중 丙火는 火의 뿌리로서 천간에 火가 나타날 때에 火의 힘을 제공하는 작용을 할 수 있듯이 丑중 癸水는 水의 뿌리로서 천간에 水가 나타나면 자동적으로 원동력으로서의 작용을 할 수 있다. 천간오행은 지상에 나타난 오행으로서 쉴새없이 작용을 하고 힘을 소모하며 간충(干沖)과 간합(干合)에 의해서 다투고 야합하는 변화가 무상한데 반해서 지장간은 지하에 깊숙이 갈무리된 오행으로서 소모되거나 손상을 당하거나 도둑 맞을 염려가 없다. 천간에 같은 오행이 나타날 때만 자동차에 기름을 공급하듯이 힘을 제공하는 원동력의 역할을 한다. 지장간의 오행은 초기와 중기는 약하고 말기인 정기가 가장 왕성하지만 실제로 적용하는 데에는 초기니 여기니 정기니 하는 서열과 강약을 가리지 않는다. 여름 태생의 사주에서는 辰중 癸水와 丑중 癸水, 그리고 申중 壬水가 생명수처럼 소중하고 크나큰 작용을 하듯이 겨울 태생의 사주에서는 未중 丁火를 비롯하여 戌중 丁火와 寅중 丙火가 엄동설한의 추위를 막아주고 생기와 활력을 공급하는 위대한 작용을 한다.

그것은 지하에 묻혀있는 금은보화와 같다. 때가 되면 활화산처럼 지상에 분출해서 천간의 오행작용을 한다.

위에서 자세히 설명한 것들을 정리해 말하자면 지장간(地藏干)이란 각 지지(地支)속에 감추어져 있는 천간(天干)을 말하는 것이다. 지장간에는 여기(餘氣) 중기(中氣) 본기(本氣) 라는 것이 있는데 여기는 초기로 입절(入節)한 후에도 전월의 기운이 이어지는 단계라는 말이고 중기라는 것은 초기와 정기(본기)를 제외한 중간의 기운이며 정기란 본기로 그달의 주인인 본 기운을 말 하는 것이다.

2. 지장간활용법

지장 간을 잘 이용하면 사주감정에 도움이 되고 중요성을 알게 되니 숙지(잘 익혀서) 하여 활용하기 바란다.

3. 지장간의 중요성

연월일시지 사지(四支)속에 숨겨져 있는 지장간은 어느 지지에 있든지 모두 파헤쳐 투간(透干:천간에 나타남) 되어있는 천간과 대조하여 유 무정을 보고 상생 상극 합과 충과 형살 또는 암합(暗合:어둘 암. 합할 합으로 어두운 곳에서 은밀히 만남을 뜻함) 암충(暗冲:암합과 같이 어두운 곳 에서 보이지 않게 충돌 함)등을 참고한 다음 운명을 감정해야 올바르게 판단 할 수 있는 것이다.

지장간분포도

子	丑	寅	卯	辰	巳	午	未	申	酉	戌	亥
壬	癸	戊	甲	乙	戊	丙	丁	戊	庚	辛	戊
癸	辛	丙	乙	癸	庚	己	乙	壬	辛	丁	甲
	己	甲		戊	丙	丁	己	庚		戊	壬

※ 지장간의 작용을 여러 가지로 활용하게 되니 암기하기 바란다.
[참고] 용신(用神)을 잡는데는 지장 간을 알아야 한다.
지장 간 속에는 여기 중기 정기(본기)가 있는데 이간(干)이 어느 분야에 해당하는 가를 알아야 용신을 정할 수 있다.

지장 간 활용을 예를 들어 말하자면 입춘이 절입 되어 봄이 되었다고는 하나 갓 들어선 초기에는 전월인 12월의 丑 중의 본기인 己토의 기운이 남아있게 되어 土의 기운인 戊토가 작용하고 있게 된다. 또한 寅중에는 丙화와 甲목이 있는데 寅은 木인 까닭에 甲목이 주인이 되기에 정기 즉 본기라 하고 그 중간의 기운인 丙화로 중기를 정하는 것이다.

12지지중에서 子 午 卯 酉 만은 삼기(三氣)로 나누지 않고 여기 본기의 2기로 나누고 있는데 午화 만은 지장 간 속에 己토 하나가 더 들어있어 子 卯 酉 와 다르니 참고하기 바란다.

왕초보 사주학

<참고> 월 지장간 월 율을 일자별로 정한 것은 격 국을 정하기 위해 설정한 것으로 월 율은 사주감정에는 큰 도움이 안 되니 참고하기 바란다.

지장간 뷰야도

巳	午	未	申
戊 庚 丙 7　7　16	丙 己 丁 10　10　10	丁 乙 己 9　3　18	戊 壬 庚 7　7　16
辰 乙　癸　戊 9　3　18	월月 율律 분分 야野 오五 행行 조造 화化 도圖		酉 庚　　辛 10　　20
卯 甲　　乙 10　　20			戌 辛　丁　戊 9　3　18
寅 戊 丙 甲 7　7　16	丑 癸 辛 己 9　3　18	子 壬　　癸 10　　20	亥 戊 甲 壬 7　7　16

월지장간분포 도표
寅 申 巳 亥는 여기7일 중기7일 본기16일

子 午 卯 酉는 午화만 여기10일 중기10일 본기10일.
그 외는 여기10본기20일
辰 戌 丑 未는 여기9일 중기3일 본기18일로 정한다.

5. 공망과 절기해설
공망(空亡)

십간십이지(十干 十二支)로 구성된 간지는 모두 육십(六十)이다. 이를 육십갑자라 한다. 십간은 오행을 나타내는 문자이지만 부모형제를 비롯해서 성씨(姓氏)를 나타내는 뿌디과 지엽의 역힐을 힌디. 甲은 아버지요 乙은 어머니이며 丙丁戊己庚辛壬癸는 아들딸이다. 丙은 장남이요 丁은 장녀이며 戊는 차남이요 己는 처녀이며 庚은 삼남이요 申은 삼녀이고 壬은 사남(四男)이요 癸는 사녀(四女)에 해당한다. 십간은 부모와 사남 사녀로 구성된다. 부모와 아들딸들은 혈육이다. 혈육인 천간은 십간인데 혈육이 배치되는 지지는 十二이다. 그래서 十二지 중 둘은 혈육이 없는 빈자리로 남는다. 과수(果樹)로 비유하면 가지는 十二인데 열매는 十이니 나머지 두개는 열매가 없는 빈 가지가 된다. 혈육과 열매가 없는 빈 가지(지지)를 공망 이라고 한다. 육십갑자 중 甲은 여섯이며 乙丙丁戊己庚辛壬癸도 각각 여섯이다. 甲은 저마다 아버지인 듯이 乙은 저마다 어머니로서 육십갑자는 여섯의 아버지와 어머니를 비롯하여 여섯의 장남과 장녀, 여섯의 차남과 차녀, 여섯의 삼남과 삼녀, 여섯의 사남과 사녀로 구성된다. 甲子와 甲戌, 甲申, 甲午, 甲辰, 甲寅은 여섯 아버지의 이름이다.

이는 여섯 씨족의 조상의 이름과 같다. 가령 金씨의 조상이라면 甲戌은 李씨의 조상이며 甲申의 조상은 崔씨의 조상이며, 甲午는 朴씨의 조상이며, 甲辰은 鄭 씨의 조상이고 甲寅의 조상은 安씨의 조상에 해당한다. 아버지는 저마다 어머니가 있다. 乙丑은 甲子의 아내이듯이 乙亥는 甲戌의 아내이고 乙酉는 甲申의 아내이며, 乙未는 甲午의 아내이고 乙巳는 甲辰의 아내이며 乙卯는 甲寅의 아내에 해당한다. 바꾸어 말하면 甲子는 金씨조상의 이름이고 乙丑은 金씨 부인의 이름이다. 여섯 씨족의 조상은 저마다 사남사녀(四男四女)를 거느리고 있다. 사남 사녀의 이름 또한 조상에 따라서 달리 한다. 丙寅은 金씨의 장남이고 丙子는 李씨의 장남이다. 金씨의 씨족은 甲子 乙丑은 부모이고 丙寅 丁卯 戊辰 己巳 庚午 辛未 壬申 癸酉는 金씨 부부에서 태어난 四男四女이다.

子에서 시작한 十二지는 酉에서 끝나고 戌과 亥는 金씨와는 전혀 무관한 지지이다. 만일 밥상을 차린다면 밥그릇은 子에서 酉까지만 놓아지고 戌과 亥는 빈자리가 된다. 子에서 酉까지의 자리는 저마다 밥그릇이 배당되지만 戌과 亥의 자리에는 밥그릇이 배당되지 않음으로써 아무리 기다려도 공칠 수밖에 없다. 이렇듯이 밥그릇이 배당되지 않고 공치는 지지와 자리가 "공망"인 것이다.

甲子에서 癸酉까지는 같은 씨족으로서 이를 동순(同旬)이라고 한다. 이들 金씨의 일족은 戌亥가 공동으로 공망이 된다. 癸酉의 다음에는 甲戌乙亥가 나타난다.
甲戌 乙亥는 李씨의 조상이요 부부로서 金씨와는 전혀 무관하다.

李씨도 金씨와 같이 부모와 四男四女로 구성된다. 甲戌 乙亥는 李씨 내외이고 丙子 丁丑 戊寅 己卯 庚金 辛巳 壬午 癸未는 李씨의 四男四女에 해당한다. 癸未 다음의 申酉는 李씨와 무관한 지지이며 자리로서 밥그릇이 배당 되지 않고 공친다. 申酉는 李씨 일족의 공동 공망이 된 다

　十二지는 음과 양으로 구성한다. 子寅辰午申戌은 양에 속하고 丑卯巳未酉亥는 음에 속한다. 양은 무형의 기(氣)이고 음은 유형의 물(物)이다. 기가 없으면 진공(眞空)상태라서 공(空)이라 하며 물체가 없어지면 멸망한 것이니 망(亡)이라고 한다. 공은 양의 공망 이요, 망은 음의 공망 이다. 기가 진공이면 대기가 허무함으로써 비행기가 추락하듯이 물체가 소멸하면 아무 작용을 못함으로써 또한 허무하다.

　사주는 음양오행의 작용과 조화에 의해서 인간만사와 운명을 형성하고 운영한다. 음양오행이 공망이면 아무런 작용과 조화를 이루지 못한다. 공망은 일주를 위주로 한다. 연지가 공망이면 조상과 아버지의 덕이 박하고 월지가 공망이면 형제 덕이 없으며 시지가 공망이면 자식 덕이 박하다. 일지는 공망이 없다. 부모형제와 자식은 선천적이고 바꿀 수가 없으니 공망이 되면 결정적이고 치명적이며 극복할 수가 없음에 반해서 일지의 배우자는 후천적이고 바꿀 수가 없음으로 해서 공망을 극복할 수 있으니 불가항력이 아니다.

육신도 공망의 작용이 대단하다.

관성이 공망이면 남성은 아버지와 자식 덕이 박하고 여성은 아버지와 남편 덕이 박하다. 재성이 공망이면 남성은 재운(財運)과 처덕이 박하고 여성은 재운이 박하다. 비견 겁재가 공망이면 형제 덕이 박하고 인수가 공망이면 어머니 덕이 박하며, 식신 상관이 공망이면 남성은 활동하는 무대와 기회를 얻기가 어렵고 여성은 자식 덕이 박함을 암시한다. 물론 이것은 상대적이고 절대적이 아니다. 사주는 종합적으로 운영하고 판단되기 때문이다. 그렇지만 시지가 공망이면 자식 운이 없고 자식 덕이 박한 것은 분명하다. 우선 자식 얻기가 힘들다.

요행으로 자식을 얻으면 기르기가 힘들고 애써서 길러도 선무공덕이다. 말년은 자식에 의지하기 마련이지만 자식 운이 없고 자식 덕이 박하면 말년의 운세가 허약함을 암시한다. 인명은 재천이라고 인생은 타고난 운명대로 살아갈 수박에 없다. 자식 운이 공망이면 처음부터 자식 덕을 기대하지 않는 것이 순천(順天)이고 현명한 것이다.

6. 12절기(節氣)

寅卯辰은 봄이요 巳午未는 여름이며, 申酉戌은 가을이요, 亥子丑은 겨울이다. 이를 세분하면 寅은 정월(正月)로서 초춘인 맹춘(孟春)이고, 卯는 2월로서 중춘(仲春)이며 辰은 3월로서 만춘(晩春)이다. 巳는 4월로서 초하인 맹하이고, 午는 5월로서 중하이며, 未는 6월로서 만하이다. 申은 7월로서 초추인 맹추이고, 酉는 8월로서 중추이며, 戌은 9월로서 만추가 된다. 亥는 10월로서 초동인 맹동이고 子는 11월로서 중동이며, 丑은 12월로서 만동이다. 사주에서는 달을 절기 위주로 한다.

정월은 입춘(立春)이고 2월은 경칩(驚蟄), 3월은 청명(淸明), 4월은 입하(立夏), 5월은 망종(芒種), 6월은 소서(小暑), 7월은 입추(立秋), 8월은 백로(白露), 9월은 한로(寒露), 10월은 입동(立冬). 11월은 대설(大雪), 12월은 소한(小寒)이다. 달은 초하루부터 말일까지이지만 절기는 다르다. 정월의 절기인 입춘은 빠르면 12월 15일에서 들고(입절) 늦으면 1월 15일에 든다. 다른 절기도 모두 마찬가지다. 미리 앞당겨서 드는가 하면 뒤늦게 들기도 하는 등 뒤죽박죽이다. 사주는 절기가 위주이다.

절기는 입추, 입하, 입동에서 시작하고 一年의 태세(太歲)는 입춘에서 비롯된다. 입춘이 들면 태세와 절기가 다 같이 바뀐다. 가령 癸酉년 12월 24일 오전 10시 28분에 입춘이 들면 그 시각부터 태어난 사람은 甲戌년 정월(입춘:立春)생의 사주를 타고난다.

반대로 癸酉년 정월 13일 상오 4시 35분에 입춘이 드는 경우에는 비록 癸酉년 정월에 태어났다 하더라도 입춘이 늦어짐으로써 입춘 시각인 13일 상오 4시 34분 59초 이전의 태생은 임신(壬申)년 12월(소서:小暑)의 사주를 타고난다. 그것은 달의 절기도 마찬가지이다.

3월중에 입하가 들면 3월 태생이면서 4월 태생의 사주를 타고나고 4월에 태어나도 입하가 이전이면 3월태생의 사주를 타고난다. 절기는 사주를 구성하는 음양오행의 왕쇠 강약을 가리는 기본이 된다. 봄에는 木이 왕성하고 金이 쇠하며 火가 강하고 水가 약하듯이 오행의 절기에 따라서 왕하고 쇠하며 강하고 약하다. 절기는 춘하추동 사절기이고 한 절기는 3개월로 구성된다. 이제 12달의 절기를 하나하나 살펴보기로 한다.

1. 입춘(立春)

정월(인:寅)의 절기를 입춘이라고 한다.
입춘은 봄의 기운인 木기가 발생하고 정월절기가 시작되는 기점이면 시점이다. 木기는 따스한 생기이다. 입춘이면 지구상에 당장에 봄이 오는 것이 아니다. 봄기운이 나타나기 시작할 따름이다. 봄이 오려면 겨울의 한기가 물러가야 한다. 입동에서 3개월 동안 설치고 판을 친 동장군은 천하장사인데 비해서 이제 막 태어난 봄의 木기는 여리고 여려서 무르익은 겨울 水와는 감히 맞설 수가 없다.

그렇지만 천지운기를 장악하고 주재하는 조물주는 준엄하고 절대적이다. 일단 입춘이 되면 동장군인 水기는 철수를 시작해야 하고 봄의 木기는 전진을 시작해야 한다. 겨울의 水가 한걸음 후퇴하면 봄의 木은 한걸음 입성하듯이 봄이 한 발짝 들어서면 겨울은 한 발짝 물러서야 한다. 누가 먼저이고 뒤이가가 없다. 동시에 오고가다 한치의 오차도 없이 평화적으로 신진대사 한다. 겨울이 완전히 철수하는 데에는 한 달이 걸리듯이 봄이 완전히 입성하는 데에는 또한 한 달이 소요된다. 입춘 후 15일 전에는 水가 우세하지만 15일 후에는 木이 우세하다. 15일째에는 水와 木이 평등하고 막상막하이다. 입춘은 겨울이가고 봄이 옴과 동시에 임금인 세군(歲君)이 바뀌는 거구영신과 신진대사의 절기이다. 달만이 바뀌는 것이 아니고 해도 바뀐다. 하나는 전진하고 하나는 후퇴하는 일진일퇴를 거듭하면서 겨울은 미련 없이 물러가고 봄은 지체 없이 천하를 챙긴다. 봄은 봄이되 요지부동한 것이 입춘이다. 춘래불사춘(春來不似春)이 바로 입춘의 절기이다. 그렇지만 겨울은 입춘에서 마무리를 지어야 한다. 입춘이 가고 2월의 경칩이 오면 겨울은 완전히 사라짐과 동시에 봄의 절기는 완연하다.

2. 경칩 (驚蟄)

2월(卯)의 절기를 경칩이라고 하다.
2월부터 봄의 운기는 무르익는다. 봄의 운기는 木이고 木은 생기(生氣)이다.

경칩이 되면서 천지간에는 생기가 가득히 차고 왕성하다. 땅 속에서 잠을 자던 온갖 생물이 생기를 얻으면 눈이 떠지고 정신을 차린다. 이미 겨울이 가고 봄이 온 것을 알게 되면 생물은 저마다. 기지개를 펴고 활동을 시작한다. 겨우내 지하에서 동면하던 개구리 등이 봄이 생기에 깜짝 놀라서 지상으로 뛰쳐나오는 모습을 상징한 것을 경칩이라고 한다. 모든 벌레들은 앞을 다투어서 지상으로 기어 나오는 경칩은 지상에서 봄소식을 완연하게 알리는 형상이요 물상(物象)이라 하겠다. 완전무결하고 순수한 봄의 운기는 경칩부터 시작해서 두 달 동안 계속된다.

3. 청명(淸明)

3월(辰)의 절기를 청명이라고 한다.
입춘에서 발생하기 시작한 봄의 운기는 경칩에서 무르익고 왕성하다. 얼어붙은 땅덩이에 생기를 불어 넣어서 잠자든 중생을 깜짝 놀라게 하고 저마다 봄맞이를 서둘게 한다. 지상에 생기가 가득차고 넘치면 파란 새싹이 트고 잎이 피어서 봄의 훈기가 충천한다. 땅덩이를 생기로 가득 차게 한 봄의 木기는 마침내 하늘로 치솟아서 음산하던 하늘의 기상을 따스하고 맑으며 밝게 바꾸어 놓는다. 이를 청명(淸明)이라고 한다.
청명이 되면 경칩은 봄이 무르익는 땅의 모습이요 현상이듯이 청명은 봄이 활짝 열리는 하늘의 모습이요 기상이다.

청명이 되면서 발생하는 봄의 木기운은 하늘과 땅의 사이에 가득차고 넘치며 극치에 이른다.

4. 입하(立夏)

4월(巳)의 절기를 입하라고 한다. 여름이 성큼 들어서는 것이 아니고 이제 부터 여름의 운기가 서서히 피어오르는 것이다. 절기는 천지의 정기(正氣)요 정기는 천지간에 군림하고 삼라만상을 다스리는 군왕이다. 여름의 군왕이 군림하려면 봄의 군왕이 물러가야 한다. 나라의 군왕은 하루 동안에 능히 거구영신할 수 있지만 운기의 군왕은 거구영신 하는 데에 꼭 한 달 걸린다. 봄기운은 하루에 30분지1씩 물러가듯이 여름기운은 하루에 30분지1씩 전진한다. 매우 평화적이면서 율법이 엄격하다. 입하가 시작 된지 15일면 봄기운은 반을 후퇴하고 여름기운은 반을 전진함으로써 봄과 여름이 반반이며 한 달되는 날에 비로소 봄은 완전히 철수하고 여름기운이 완전히 입성한다. 봄은 발생하는 기운인데 반해서 여름은 성장하고 발전하는 기운이다. 봄의 木기는 따스한데 반해서 여름의 火기는 뜨겁다. 따스한 생기는 삼라만상을 발생시키는 어머니의 품인데 반해서 뜨거운 열기는 발생한 만유를 힘차게 기르고 무성하게 번창시킴으로써 천하장사를 만드는 아버지의 기상이요 용맹과 같다.

5. 망종(芒種)

5월(午)의 절기를 망종이라고 한다.

망종이란 익어가는 보리이삭의 꺼끌꺼끌한 꺼끄러기(꺼럭)를 일컫는다. 절기의 양상은 땅(음)에서 나타난 다음에 하늘(양)에서 나타나듯이 여름의 절기 현상 또한 땅에서 피어오르고 다음에 하늘로 가득히 충만하다. 여름을 알리는 땅의 모습은 천이요 만이지만 가장 대표적인 상징은 무르익어가는 보리 이삭이다. 보리가 누렇게 익어가고 꺼끌꺼끌한 이삭이 영그는 5월이면 여름의 운기를 물씬 느낄 수 있다. 이제부터 완연한 여름철인 것이다. 여름은 뜨겁고 무더운 더위가 극성이다. 더위는 무에서 유를 창조하는 기화(氣化)작용을 왕성하게 촉진함으로써 만물의 성장과 발전(변화)을 극대화 한다. 나뭇잎이 만발하고 숲을 이루며 만유가 힘차게 확산하고 번창하며 무성하다.

6. 소서(小暑)

6월(未)의 절기를 소서라고 한다.

땅에 가득 찬 여름의 기운이 하늘로 치솟아서 온천지가 여름의 장관을 이루고 있는 것이다. 여름의 기상은 뜨겁고 무더운 불덩이 같은 열기이다. 더위는 대서(大暑)와 소서(小暑)의 두 가지로 나눈다. 글자대로 풀이하면 대서가 크고 소서가 작은 더위이다. 그렇지만 더위는 소서에서 극성을 부리고 절정을 이룬다. 그 이유는 무엇인가? 모든 에너지는 운동에서 발생 한다.

운동이 없으면 에너지가 발생하지 않음으로써 변화가 없다. 지상의 기온은 원자의 소립자(小粒子)운동에서 발생한다. 운동이 빠르면 온도가 내린다. 소립자의 운동이 빠르면 운동반경이 짧고 작으나 운동이 느리면 운동반경이 길어지고 커진다. 소서는 입자의 운동이 극대화한 반면에 입자의 운동반경이 극소한 상태로서 열기와 무더위가 가장 극심한 상태를 의미한다. 이 얼마나 과학적인 상징인가?

7. 입추(立秋)

7월(申)의 절기를 입추라고 한다.
여름은 물러가고 가을이 접어드는 거구영신의 환절기이다. 극성스러운 여름의 무더위는 입추가 되면서부터 한 발짝씩 철수를 하는 반면에 신선한 가을 기운이 하늘과 땅 사에서 차분하게 입성한다. 불덩이 같은 열기는 하루가 다르게 식어가고 시원한 가을바람이 더위에 지친 나무 잎들을 싱싱하게 흔들어 준다. 그것은 바람이 아니고 생기이다. 기진맥진해서 축 늘어진 중생들은 저마다 가을을 반기면서 알찬 성숙을 거둔다. 가을은 거두는 계절이다. 저녁은 무르익은 하루의 해를 거두듯이 가을은 성숙한 오곡백과를 비롯해서 무덥고 뜨거운 태양의 열기를 고두기 시작하는 것이다. 여름이 가고 가을이 오는 환절의 행진은 꼭 한 달 동안 계속된다.

8. 백로(白露)

　8월(酉)의 절기를 백로라고 한다.

오행은 저마다 색깔을 가지고 있다. 봄의 木은 푸른 청색이고, 여름의 火는 붉은 홍색(紅色)이며 흙의 土는 누런 황색이고 가을의 金은 하얀 백색이며, 겨울의 水는 검은 흑색이다. 백로는 가을의 빛과 색깔이 나타나는 것을 상징한다. 가을이 되면 여러 가지 변화가 꼬리를 물지만 대표적인 것은 하얀 서리이다. 서리는 엽록소를 통한 광합성을 차단하기 위해서 내린다. 생기를 죽이는 살기가 아니다. 열매를 거두기 위해서 성숙을 촉진하는 숙기(熟氣)이다. 서리가 내리면 고춧잎이 시들면서 고추가 빨갛게 무르익는다. 그것은 하얀 서리와 더불어 가을을 가장 실감나게 상징한다. 지상에 서리가 내리면서 만물을 성숙과 거둠의 가을의 기색이 완연해지는 것이다.

9. 한로(寒露)

　9월(戌)의 절기를 한로라고 한다.

백로 한 달동안 지상을 가득히 물들인 가을의 기운은 한로가 되면서 하늘로 치솟는다. 선선했던 가을의 기상이 아침저녁으로 차가운 한기로 변하기 시작한다.

가을이 무르익어가는 것을 피부로 느낄 수 있다. 서리가 내리고 쌀쌀한 한기가 하늘과 땅 사이에 가득하면 만물은 생기를 잃고 시들어 간다. 낙엽이 하나둘 떨어지고 황혼을 붉게 장식하는 단풍이 바람과 함께 사라진다.

스산한 가을바람이 나뭇가지에 매어달린 채 흐느껴 우는 나뭇잎들을 사정없이 내리치고 말끔히 거두어들인다. 알차게 무르익은 오곡백과 또한 서둘러서 거두어 인다. 남은 것은 앙상한 가지뿐이다. 화려했던 옷가지들을 가을이 몽땅 거두어드림으로써 벌거숭이 알몸을 드러내는 것이다.

10. 동(立冬)

10월(亥)의 절기를 입동이라고 한다.
가을이 가고 겨울이 오기 시작하는 입동은 한 달에 걸쳐서 거구영신을 이룩한다. 싸늘한 한기가 차디찬 한기로 바뀌는 입동은 조석으로 겨울의 입김이 거칠어간다. 그렇지만 아직은 겨울이 아니다. 그렇다고 가을도 아니다. 가을 같기도 하고 겨울 같기도 하면서 가을도 아니고 겨울도 아닌 것이 입동이다. 가을이 가면 겨울이 오고 겨울이 오면 가을이 가는 환절의 행진은 소리 없이 진행되지만 보름이 지나면 겨울기색이 피부에 완연하다. 철두철미하게 평화적이면서 합법적이고 순리적인 신진대사가 이뤄지는 것이다. 한 치의 과속이 있을 수 없듯이 한 치의 지각도 있을 수 없다. 천지의 운기는 자율적이지만 엄숙하고 불문율이지만 준엄한 것이다.

11. 대설(大雪)

　　11(子)의 절기를 대설이라고 한다.
이제부터 겨울의 운기가 왕성한 것이다. 겨울을 알리고 상징하는 것은 눈(雪)이다. 큰 눈이 펑펑 쏟아지면 겨울의 풍경이 지상에 가득 찬다. 눈은 알몸이 된 삼라만상을 하얀 옷으로 갈아입히고 포근하게 감싸준다. 모든 것은 눈덩이 속에 갈무리되고 죽은 듯이 동면을 시작한다. 삭풍에 휘날리는 눈보라는 얼음덩어리와 더불어 온 세상을 불모의 동토로 꽁꽁 얼려 붙인다. 생기가 없는 겨울 땅에서 살아남기 위해서는 땅속 깊이 갈무리되어야 한다. 땅은 눈 속에 갈무리되고 중생은 땅속에 갈무리됨으로써 기나긴 겨울잠에 들게 되는 것이 대설의 지상광경이다.

12. 소한(小寒)

　　12월(丑)의 절기를 소한이라고 한다.
땅에 가득 찬 겨울의 운기가 하늘까지 충만해서 겨울의 기상이 천지간에 극성을 부리는 계절이 바로 소한이다. 여름의 소서는 매서운 무더위이듯이 겨울의 소한은 매서운 추위를 상징한다. 땅덩어리는 꽁꽁 얼어붙어서 생기라고 찾아볼 수 없는 혹한의 계절이 소한이다. 무엇이든지 지상으로 나타나기만 하면 사정없이 내리치고 얼려버리는 소한의 추위는 살기가 등등하다. 왜 봄기운은 따스하고 여름기운은 무더우며 가을 기운은 선선하고 겨울기운은 차디찬 것인가? 태양의 빛과 열의 조화 때문이다.

태양의 운기가 발생하면 기온이 따스하고, 운기가 성장하면 기온이 뜨거우며, 운기를 거두면 기온이 선선하고, 운기를 갈무리하면 기온이 차디찬 것이다. 절기는 곧 태양의 운기가 발생하고 성장하며 거두고 갈무리 하는 과정과 형상을 상징한다.

新四柱講義錄 全3卷 完刊
독학으로 공부하는 강의록

역술계의 巨星 변만리 선생님의 力作인 新四柱 강의록은 필경사를 동원하여 직접 手記로 쓴 책으로 후학지도 용 교재로만 오랫동안 사용 되었으나 선생님께서 타계하신 후 학인들의 열화와 같은 요청에의해 서점판매를 결정하게 되었으며 초등반 고등반 대학반 전3권으로 완성되었습니다. 지금부터 전국대형서점에서 만나보실 수 있습니다. 신사주학강의록 전3권만 정독하시면 최고의 도사요 달변술사로 성장 할 것입니다.

이 책의 4대 장점
1. 이론이 간단해서 쉽게 배울 수 있다.
2. 개성 적성 지능을 척척 알 수 있다.
3. 누구나 쉽게 이해 할 수 있도록 엮었다.
4. 실례 위주로 흥미진진하게 풀이하였다.

본 강의록으로 공부하시는 학인들은 학습지도교수가 궁금증이나 의문사항을 문의하시면 직접지도 해드립니다.
지도교수 김동환 070-4103-2367(변만리역리연구회장)
4/6배판 540쪽 내외 정가38,000원 변만리 저 **자문각**

通變大學

통변은 사주의 꽃이다.

　역술계의 巨星 변만리 선생님께서 수년간에 걸쳐서 독자적으로 개발한 감정의 最高書인 통변대학은 수십 번을 재발간해서 문하생들의 절찬을 받았던 책으로 후학지도용 교재로 만 오랫동안 사용되었으나 선생님께서 他界하신후 學人들의 열화와 같은 요청에 의해 서점판매를 결정하게 되었습니다. 사주는 감정이 기본이고 감정은 통변이 으뜸입니다.

五行을 正五行 化五行 納音五行別로 나누고 운명과 인간만사를 세 가지 오행별로 판단하는 원리와 요령을 상세히 밝힌 통변대학(백과사전)에서는 무엇이 正五行이고 化五行이며 納音 五行인지를 구체적으로 설명하였습니다.

통변대학은 동양고전점술의 금자탑이요 溫故知新으로서 만리天命과 더불어 동양점술의 쌍벽을 이루며 陰陽五行의 眞理를 연구하는데 金科玉條가 될 것입니다.

통변대학은 사주의 백과사전으로서 사주와 운세의 분석과 감정에 만능교사가 될 것이라고 확신합니다.

본 通變大學으로 공부하시는 학인들은 학습지도교수가 궁금증이나 의문사항을 문의하시면 직접지도 해드립니다.

지도교수 김동환 070-4103-2367 (변만리역리연구회장)

　通變大學 : 4 / 6배판 390쪽 내외 정가 25,000원

전화02)926-3248 도서출판 **資 文 閣** 팩스02)928-8122

六神大典
육신은 사주의 꽃이다.

역술계의 巨星 변만리 선생님께서 수년간에 걸쳐서 독자적으로 개발한 감정의 최고 原理書인 六神大典은 수십번을 재발간해서 문하생들의 절찬을 받았던 책으로 후학지도용 교재로만 오랫동안 사용되었으나 선생님께서 他界하신후 學人들의 열화와 같은 요청에 의해 서점판매를 결정하게 되었습니다. 사주는 六神으로서 인간만사를 판단하게 되는데 財星이 用이고 喜神이면 得財 致富하고 출세하듯이 六神의 喜神과 忌神은 운명을 판단하는 열쇄가 됩니다. 운명과 인간만사는 陰陽五行의 相生相剋으로 판단하지만 父母 兄弟 妻 夫 子孫의 富貴貧賤과 興亡盛衰는 하나같이 육신위주로 판단합니다. 변만리 선생님은 육신대전이야말로 사주의 꽃이라 했습니다. 육신대전은 사주의 백과사전으로서 사주와 운세의 분석과 감정에 만능교사가 될 것입니다. 본 六神大典으로 공부하시는 학인들은 학습지도교수가 궁금증이나 의문사항을 문의하시면 직접 지도 해드립니다.
지도교수 김동환 070-4103-2367(변만리역리연구회장)
　六神大典 : 4 / 6배판 356쪽 내외 정가 25,000원
　전화02)926-3248도서출판資 文 閣 팩스02)928-8122

萬 里 天 命

天命은 四柱八字를 말한다.

  역술계의 巨星 변만리 선생님께서 20여년동안에 열심히 연구하고 개발한 만리천명은 음양오행설을 비롯하여 중국의 점성술을 뿌리채 파헤치고 새로운 오행과 법도를 독창적으로 개발하고 정립한 명실상부한 독창이요 혁명이며 신기원의 역술서적입니다. 수십 번을 재발간해서 문하생들의 절찬을 받았던 萬里天命은 변만리 선생님께서 후학지도용 교재로만 오랫동안 사용되었으나 선생님께서 타계하신 후 학인들의 열화와 같은 요청에의해 서점판매를 결정하게 되었습니다. 지금까지의 음양오행은 강자가 약자를 지배하는 상극위주의 자연오행을 신주처럼 섬기는 동시에 格局用神과 神殺을 감정의 대법으로 삼아왔지만 지금부터는 金剋木 木극土 土극水 水극火 火극金의 相剋을 절대화해서 金은木을 이기고 지배하며 水는火를 이기고 지배하는 것을 법도화해서 태양오행과 體와 用의 감정원리를 확실히 밝힌 역술혁명서적입니다. 본 萬里天命으로 공부하시는 학인들은 학습지도교수가 궁금증이나 의문사항을 문의하시면 직접지도 해드립니다.
지도교수 김동환 070-4103-2367 (변만리역리연구회장)

  만리천명 : 4 / 6배판 520쪽 내외 정가 50,000원

전화02)926-3248 도서출판 資 文 閣 팩스02)928-8122

萬 里 醫 學
만병을 뿌리채 뽑을 수 있다

　만성병은 난치 불치병일까? 天命으로 體質을 분석하고 체질로서 병의 원인을 밝혀내며 만병을 뿌리채 다스리는 새로운 病理와 藥理와 診斷과 治病을 상세히 밝힌 治病의百科事典입니다. 환자를 상대로 병을 진단하는 東西醫學과는 달리 天命을 상대로 인체를 해부하고 오장육부의 旺衰强弱을 분석해서 어느 장부가 虛하고 病이며 藥이고 處方인지를 논리적이고 상식적으로 알기 쉽게 구체적으로 풀이함으로서 실감있게 무난히 공부함과 동시에 내 자신의병을 정확히 판단 할 수 있습니다. 역술계의 巨星 변만리 선생님께서 수년간에 걸쳐서 독자적으로 개발한 萬里醫學은 수십 번을 재발간해서 문하생들의 절찬을 받았던 책으로 후학지도용 교재로만 오랫동안 사용되었으나 선생님께서 타계 하신 후 학인들의 열화와 같은 요청에 의해 서점판매를 결정하게 되었습니다. 만리 의학은 천명과 체질위주로 진단하고 처방함으로서 간단명료하고 공식적이며 오진과 약사고가 전혀 없음으로서 누구나 쉽게 배우고 활용할 수 있는 만능교사가 될 것입니다.

　萬里醫學 : 4 / 6배판 416쪽 내외 정가 50,000원
전화02)926-3248 도서출판 **資 文 閣** 팩스02)928-8122

五 象 醫 學

오상의학은 불문진(不問診)이다.

병진에는 환자가 절대적이다. 대화를 하고 진맥을 하며 검사를 해야만 비로소 윤곽을 짐작할 수 있다. 그러나 오상의학은 편지가 필요 없다. 대하나 진맥 없이 타고난 사주판자로서 체질과 질병을 한 눈으로 관찰 할 수 있는 것이 오상의학이다. 타고난 체질이 강하냐, 약하냐, 木體냐 土체냐 金체냐 水체냐를 가려내어 지금 앓고 있는 장부가 肝이냐 肺냐 脾냐 心이냐 腎이냐를 똑바로 밝혀내고 그 원인이 虛냐 實이냐를 구체적으로 분간할 수 있다. 허와 실이 정립되면 補와 瀉의 처방은 자동적이다. 환자 없이 일언반구의 대화도 없이 보지도 묻지도 따지지도 않고 병의 원인과 증상을 청사진처럼 분석하고 진단하며 자유자재로 처방할 수 있는 완전무결한 不問診은 동서고금을 통하여 전무후무한 사상초유의 신기원이자 의학의 일대혁명이다.

역술계의 巨星 변만리 선생님께서 수년간에 걸쳐서 독자적으로 개발한 五象醫學은 수십 번을 재발간해서 문하생들의 절찬을 받았던 책으로 후학지도용 교재로만 오랫동안 사용되었으나 선생님께서 타계하신 후 많은 사람들의 입소문으로 열화와 같은 요청에 의해 서점판매를 결정하게 되었습니다. 이제는 번거로운 진찰이나 따분한 입원을 하지 않고서도 내 집에서 편안하게 만병을 진단하고 처방하여 다스릴 수 있다. 간단명료하고 공식적이며 오진과 약사고가 전혀 없음으로서 누구나 쉽게 배우고 활용할 수 있는 만능교사가 될 것입니다.

　　五象醫學 : 4 / 6배판 572쪽 내외 정가 58,000원
　전화02)926-3248 도서출판 資 文 閣 팩스02)928-8122

왕초보 사주학

陰陽五行의 眞理

음양오행의 진리는 우주와 인생의 진리이다.

새로운 占術과 醫術

음양오행과 상생상극의 진리를 알기 쉽게 상세히 풀이함으로서 글자대로 풀이하는 중국의 음양오행의 상생상극이 터무니없는 가짜임을 논리적으로 파헤침과 동시에 중국 사주와 의학이 왜 오판과 오진투성이고 세인의 불신과 외면을 당하고 있는 이유를 철저히 밝혀냈다. 진리위주의 만리천명과 만리의학을 상세히 소개함으로서 무엇이 참다운 사주요 의술인가를 생생하게 정설했다. 만리천명과 만리의학에 입문하는 초보자에게 이책은 필수적이다. 이 책은 음양오행의 상생상극의 진리와 십간십이지와 십이운성 등 한국사주의 기초가 되는 여러 가지 원리를 다양하고 알기 쉽게 풀이한 한국사주 입문과 연구의 틀이 되는 서적이다. 역술계의 巨星 변만리 선생님께서 수년간에 걸쳐서 독자적으로 개발한 음양오행의 진리는 수십 번을 재발간해서 문하생들의 절찬을 받았던 책으로 후학지도용 교재로만 오랫동안 사용되었으나 선생님께서 타계하신 후 많은 사람들의 입소문으로 열화와 같은 독자와 학인들의 요청에 의해 서점판매를 결정하게 되었다. 누구나 쉽게 배우고 활용할 수 있는 만능교사가 될 것이다.

신국판 324쪽 내외 정가 15,000원

전화02)926-3248 도서출판 **資 文 閣** 팩스02)928-8122

氣質學의 眞理
내 병은 내가 고친다.

성인병과 암은 왜 난치 불치병인가?

병의 근본원인을 알지 못하기 때문이다. 그 원인을 뚜렷이 밝혀낸 기질학이 탄생했다. 병을 고치려면 병원에 가야하고 의사의 진단을 받아야한다. 기질학은 진단 없이 무엇이 병이고 원인인지를 척척 판단한다. 의학이 진단할 수 있는 것은 나타난 병의 양상인 증(證)이기본이요 전부다. 병의 원인은 전혀 알 수 없다. 기질학은 나타나지 않은 병의 원인을 소상히 밝혀준다. 병에는 두 가지가있다. 갑자기 발생한 급성병과 장기적으로 발생한 만성병이다. 급성은 나타난 병증이 기본이요 전부이지만 만성병은 나타난 병증과 더불어 나타나지 않은 원인이 있다.

나타난 병증은 지엽이요 나타나지 않은 병은 뿌리다 뿌리가 있는 지엽은 아무리 다스려도 재생하듯이 원인이 있는 병증은 아무리 다스려도 재발한다. 만성병을 성인병이라 하는데 성인병은 하나같이 뿌리인 원인을 가지고 있다. 그 원인을 발견하지 않는 한 뿌리는 다스릴 수 없으며 뿌리가 살아있는 한 완치는 불가능하다. 기질학은 간단명료해서 누구나 쉽게 실용할 수 있다 어느 장부가 허약하고 병인지 원인을 밝혀내고 뿌리채 뽑아야만 성인병과 암을 다스릴 수 있다.

전화02)926-3248 도서출판 資 文 閣 팩스02)928-8122

慢性病의 眞理

만성병은 난치 불치병이 아니다.

　현대병은 만성병이 압도적이다.
현대의학은 성인병과 암을 비롯한 만성병을 다스릴 수 없어 하나 같이 난치 불치로 생각하는데 그 이유는 무엇이 만성병의 원인인가를 알지 못 하기 때문이다. 의학이 진단할 수 있는 것은 나타난 병의 양상인 증(證)이 기본이요 전부다. 나타나지 않은 병의 근본인 원인에 대해선 진단이 전혀 불가능하다. 나타난 병증은 지엽이요 나타나지 않은 병은 뿌리다 뿌리가 있는 지엽은 아무리 다스려도 재생하듯이 원인이 있는 병증은 아무리 다스려도 재발한다. 만성병은 뿌리를 가지고 있다.
만성병을 완치하려면 뿌리를 발견하고 발본색원해야 한다.
　가장 바람직하고 행복한 장수는 정상적으로 오래 사는 것이다. 그러기 위해서는 평소에 장수 공부를 열심히 해야 하고 능소능대하며 달관해야한다. 산다는 의욕은 완성하되 .물질적인 부귀영화는 가능한 한 탐하지 말라 조물주의 낚시밥을 저승사자처럼 두려워하고 살아야만 한다.
천명(사주팔자)을 알고 순리대로 살아야 평생 적이 없고 천수를 누릴 것이다.

　　　　신국판 200쪽 내외 정가 10,000원
　　전화02)926-3248도서출판資 文 閣 팩스02)928-8122

한국사주 입문

한국 사주는 개성지능 적성을 척척 알 수 있다

한국 사주는 간단명료하며 논리가 정연하다.
한국 사주는 인간해부학인 동시에 운명의 분석철학이다.
만인의타고난 천성과 지능과 적성을 비롯해서 인간의 모든 것을 송두리째 낱낱이 파헤치고 밝혀준다. 중국 사주는 10년을 공부해도 끝이 없고 미완성이며 애매모호하지만 한국 사주는 누구나 쉽게 입문하고 완성할 수 있다.

한국 사주는 이론이 간단해서 쉽게 배운다.

음양오행과 상생상극의 진리를 비롯하여 인체설계도를 최초로 발견한 변만리선생님이 진리위주로 개발한 한국 사주와 의학은 글자그대로 풀이하고 통용하는 중국 사주와는 판이한 동시에 운명과 질병의 분석과 판단이 간단명료하고 정확정밀하다.

격국과 신살을 쓰지 않고도 운명을 정확하게 판단한다.

혹세무민 귀신타령 없는 동시에 눈치코치로 이랬다저랬다 횡설수설하는 오판과오진이 없다. 사주는 음양오행의 운기로 형성된 인체의 설계도이다. 사주를 구성한 음양오행의운기와 원리를 분석하면 타고난 운명과 질병을 한눈으로 관찰하고 판단 할 수 있다.

신국판 200쪽 내외 정가 10,000원

전화02)926-3248 도서출판 **資 文 閣** 팩스02)928-8122

여산서숙 역술도서

손금의 정석 1, 2

손금을 보면 인생이 보인다.

손금은 두뇌사전 이라고 한다. 손금의 이해를 통해 인생길의 방향을 정하고 숨은 재능을 찾아내어 인생길의 역경을 이겨내야 한다. 손금닷컴 유종오 원장이 심혈을 기우려 풀어놓은 손금해석의 정석이다. 손금닷컴 유종오 원장이 심혈을 기우린 역작으로 손금 최고의과정이다.

손금으로 자신의 운명을 개척할 수 있다.

 손금의정석 1권 신국판 270쪽 내외 컬러판 값 20,000원
 손금의정석 2권 신국판 320쪽 내외 컬러판 값 20,000원

사주의 정석 1.2.3.

사주의 모든 것이 이 3권의 책에 담겨졌습니다.

기초에서 해설까지 완벽한 사주의 정석이다. 말문을 확 트이게 하는 여산선생 특유의 비유법인 "짧은 표현으로 거침없이 말하라"는 통변비법을 이 책 3권에 듬뿍 담았습니다.

 4/6배판 350쪽 내외 각권 값 20,000원 여산서숙 펴냄

여산서숙은 역술도서만을 정성껏 출판합니다.

전화02)926-3248 도서출판 **여산서숙** 팩스02)928-8122

命理 1
사주학의 기초원리

2022년 05월15일 1쇄 1판 인쇄
2022년 05월20일 1쇄 1판 발행
편저자 / 김동환
발행인 / 김동환
발행처/ 여산서숙
주 소 / 서울시 종로구 종로 346번지
욱영빌딩 301호
전화/02)928-2393 팩스/928-8122
등록/1999년12월17일
신고번호제300-1999-192
978-89-93513-49-3

값 15,000원

무단복제불허
잘못된 책은 구입처에서 교환해 드립니다.